汽油发动机电控系统检修

（第2版）

评价与实施手册

姓　名　_____

班　级　_____

团　队　_____

北京理工大学出版社
BEIJING INSTITUTE OF TECHNOLOGY PRESS

目　录

任务工单 ··· 1

 任务 1.3　发动机电控系统常用检测工具的使用 ································· 1

 任务 2.1　空气流量传感器的检修 ·· 5

 任务 2.2　进气压力传感器的检修 ·· 9

 任务 2.3　冷却液/进气温度传感器的检修 ··· 13

 任务 2.4　节气门体组件的检修、清洗与匹配 ·································· 17

 任务 3　电控汽油机怠速控制系统的检修 ··· 21

 任务 4.1　可变气门正时控制系统的检修 ··· 25

 任务 4.2　VTEC 控制系统的检修 ·· 29

 任务 4.3　进气增压控制系统的检修 ·· 35

 任务 5.1　电动燃油泵的检修 ··· 39

 任务 5.2　燃油系统压力的检测 ·· 43

 任务 5.3　喷油器的检修 ··· 47

 任务 6.1.1　曲轴位置传感器的检修 ·· 51

 任务 6.1.2　凸轮轴位置传感器的检修 ··· 55

 任务 6.2　爆震传感器的检修 ··· 59

 任务 6.3　点火波形检测及点火正时的调整 ····································· 63

 任务 6.4　微机控制点火系统的检修 ·· 67

 任务 7.1　三元催化转换器的检修 ·· 71

 任务 7.2　废气再循环控制系统的检修 ··· 75

 任务 7.3　二次空气供给系统的检修 ·· 79

 任务 7.4　燃油蒸发排放控制系统的检修 ··· 83

 任务 8.2　常见车型故障码的调取与清除 ··· 87

 任务 8.3　发动机常见故障诊断 ·· 91

任务工单

任务1.3　发动机电控系统常用检测工具的使用

（一）理论测试

1. 填空题

（1）万用表可以用来测_____、_____、_____等。

（2）故障诊断仪可以分为_____、_____。

2. 简答题

（1）故障码的分类有哪几种？各是何类型？

（2）如何用解码器读取电控发动机的故障码？

（二）技能操作

（1）万用表的使用作业表，如表1-1所示。

表1-1 万用表的使用作业表

姓名		班级		学号		组别	
车型		VIN码		车辆当前行驶里程		购车时间	
是否正常维护保养		车辆是否出现异常状况		异常出现时间		异常出现里程数	
变速器型号		客户陈述				日期	
检测项目		检测结果		检测步骤			
蓄电池电压							
继电器电阻值							
线束导通性							
结论							
建议处理意见							

(2) 故障诊断仪的使用作业表,如表1-2所示。

表1-2 故障诊断仪的使用作业表

姓名		班级		学号		组别	
车型		VIN码		车辆当前行驶里程		购车时间	
是否正常维护保养		车辆是否出现异常状况		异常出现时间		异常出现里程数	
变速器型号		客户陈述				日期	
内容		检测结果		检测步骤			
故障诊断仪的连接							
读故障码							
清故障码							
读故障码							
节气门位置传感器波形测试							
结论							

(3) 发动机电控系统常用检测工具的使用项目评分表，如表1-3所示。

表1-3 发动机电控系统常用检测工具的使用项目评分表

<table>
<tr><td rowspan="3">基本信息</td><td>姓名</td><td colspan="2"></td><td>学号</td><td colspan="2"></td><td>班级</td><td></td><td>组别</td><td></td></tr>
<tr><td>角色</td><td colspan="9">主修人员□ 辅修人员□ 工具管理□ 零件摆放□ 安全监督□ 质量检验□ 7S监督□</td></tr>
<tr><td>规定时间</td><td colspan="2"></td><td>完成时间</td><td colspan="2"></td><td>考核日期</td><td></td><td>总评成绩</td><td></td></tr>
<tr><td rowspan="7">考核内容</td><td rowspan="2">序号</td><td colspan="3" rowspan="2">步　　骤</td><td colspan="3">完成情况</td><td colspan="2" rowspan="2">标准分</td><td rowspan="2">评分</td></tr>
<tr><td colspan="2">完成</td><td>未完成</td></tr>
<tr><td>1</td><td colspan="3">考核准备：
材料：
工具：
设备：
安全防护：
劳动保护：</td><td colspan="2"></td><td></td><td colspan="2">10</td><td></td></tr>
<tr><td>2</td><td colspan="3">蓄电池电压的测试</td><td colspan="2"></td><td></td><td colspan="2">10</td><td></td></tr>
<tr><td>3</td><td colspan="3">电阻的测试</td><td colspan="2"></td><td></td><td colspan="2">10</td><td></td></tr>
<tr><td>4</td><td colspan="3">线束导通性测试</td><td colspan="2"></td><td></td><td colspan="2">10</td><td></td></tr>
<tr><td>5</td><td colspan="3">故障诊断仪的使用</td><td colspan="2"></td><td></td><td colspan="2">20</td><td></td></tr>
<tr><td>6</td><td colspan="3">节气门位置传感器波形测试</td><td colspan="2"></td><td></td><td colspan="2">15</td><td></td></tr>
<tr><td colspan="4">7S管理：
整理、整顿、清扫、清洁、素养、安全、节约</td><td colspan="4"></td><td colspan="2">10</td><td></td></tr>
<tr><td colspan="4">团队协作</td><td colspan="4"></td><td colspan="2">5</td><td></td></tr>
<tr><td colspan="4">沟通表达</td><td colspan="4"></td><td colspan="2">5</td><td></td></tr>
<tr><td colspan="4">工单填写</td><td colspan="4"></td><td colspan="2">5</td><td></td></tr>
<tr><td colspan="4">教师评语</td><td colspan="7"></td></tr>
</table>

任务 2.1　空气流量传感器的检修

（一）理论测试

1. 选择题

（1）L 型电控燃油喷射发动机测量空气量的传感器是（　　）
A. 进气压力传感器
B. 节气门位置传感器
C. 空气流量传感器
D. 冷却液温度传感器

（2）对于热线式空气流量传感器来说，当进气量从小到大的过程中，以下说法正确的是（　　）。
A. 信号电压将由大变小
B. 信号电压将由小变大
C. 信号电压将保持不变
D. 信号电压将先变大再变小

（3）下列哪种属于间接测量空气流量的传感器？（　　）
A. 叶片式空气流量传感器　　　　B. 热膜式空气流量传感器
C. 热线式空气流量传感器　　　　D. 进气歧管压力传感器

（4）对喷油量起决定性作用的是（　　）。
A. 空气流量传感器　　　　　　　B. 水温传感器
C. 氧传感器　　　　　　　　　　D. 节气门位置传感器

2. 判断题

（1）空气流量传感器应该安装在空气滤清器和节气门之间。　　　　（　　）
（2）与热线式空气流量传感器相比，热膜式空气流量传感器发热体的响应性稍差。
　　　　　　　　　　　　　　　　　　　　　　　　　　　　　　（　　）
（3）空气流量传感器是作为修正喷油量和点火提前角的主控制信号。　（　　）

3. 填空题

（1）根据测量原理不同，空气流量传感器有_____、_____、_____和热膜式四种类型。

（2）热线式空气流量传感器通常安装在空气滤清器后的进气道上，主要由_____、_____、_____、_____、控制电路板和插接器组成。

4. 识图题

写出图 2-1 中热膜式空气流量计各部分名称。

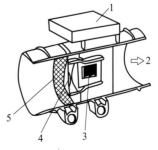

图 2-1　热膜式空气流量计

5. 简答题

（1）简述空气流量传感器的作用、类型及应用。

（2）简述热线式空气流量传感器的结构组成及工作原理。

（二）技能操作

（1）空气流量传感器故障诊断作业表，如表2-1所示。

表2-1 空气流量传感器故障诊断作业表

姓名		班级		学号		组别	
车型		VIN码		车辆当前行驶里程		购车时间	
是否正常维护保养		车辆是否出现异常状况		异常出现时间		异常出现里程数	
发动机型号		客户陈述				日期	
故障原因分析		（1）症状确认： （2）原因分析：					
		检查项目及检测结果					
故障诊断方法及步骤		1. 读取故障码 （1）接故障诊断仪，按菜单引导选择对应选项，进入发动机控制单元，读取故障码。是否读取到与空气流量传感器相关的故障码？是□ 否□ （2）清除故障码后，起动发动机，再次读取故障码。是否读取到与空气流量传感器相关的故障码？是□ 否□，故障码为_____。 （3）若有故障码，应检查是否存在机械故障，是否存在线束断路、插接器虚接的现象？是□ 否□ （4）请判断故障是否在空气流量传感器本身？是□ 否□					
		2. 读取数据流 （1）节气门在急速位置时，读取到的空气流量传感器的数据为_____ _____ （2）节气门突然全开位置时，读取到的空气流量传感器的数据变化为_____ _____					

续表

姓名		班级		学号		组别	
车型		VIN 码		车辆当前行驶里程		购车时间	
是否正常维护保养		车辆是否出现异常状况		异常出现时间		异常出现里程数	
发动机型号		客户陈述				日期	
故障诊断方法及步骤		3. 利用万用表检查空气流量传感器，并记录相关数据 （1）空气流量传感器的安装位置：_____ 该空气流量传感器的类型是_____，插头端子数是_____。 （2）检查附加熔断器（30 A）是否良好。 （3）打开点火开关，测量空气流量传感器 2#端子供电电压为____V，是否正常？是□ 否□ 检查熔断器至流量计端子 2 之间的线路是否良好？是□ 否□ （4）检测空气流量传感器 3#端子搭铁是否正常？是□ 否□ （5）检测空气流量传感器 3#端子至 ECU 的 12#端子之间线路是否良好？是□ 否□ 检测空气流量传感器 3#端子至 ECU 的 11#、13#端子之间线路绝缘性是否良好？是□ 否□ （6）测量空气流量传感器 4#端子的供电电压为____V，是否正常？是□ 否□ （7）检查空气流量传感器 4#端子至 ECU 的 11#端子之间的线路是否正常？是□ 否□ 检测空气流量传感器 4#端子至 ECU 的 12#、13#端子之间线路绝缘性是否良好？是□ 否□ （8）起动发动机至工作温度，测量空气流量传感器 5#端子的信号电压。急速时电压为____V；节气门回到急速位置，急踩加速踏板时电压为____V，是否正常？是□ 否□ （9）检查空气流量传感器 5#端子至 ECU 的 13#端子之间的线路是否正常？是□ 否□ 检测空气流量传感器 5#端子至 ECU 的 11#、12#端子之间线路绝缘性是否良好？是□ 否□
		4. 用示波器检查空气流量传感器 （1）节气门在急速位置时，观察并画出输出波形为_____ _____ （2）突然加大节气门到全开时，2 s 后再将节气门快速关闭，再稳定急速 5 s，观察并画出空气流量传感器输出的波形 _____ _____ （3）根据波形，分析该空气流量传感器的性能。 _____ （4）本次实训中存在的疑问有哪些？最大的难点是什么？ _____
检查结论		
建议解决故障方法		
总结故障诊断流程		

(2) 空气流量传感器故障诊断项目评分表,如表 2-2 所示。

表 2-2 空气流量传感器故障诊断项目评分表

<table>
<tr><td rowspan="3">基本信息</td><td>姓名</td><td></td><td>学号</td><td></td><td>班级</td><td></td><td>组别</td><td></td></tr>
<tr><td>角色</td><td colspan="7">主修人员□ 辅修人员□ 工具管理□ 零件摆放□ 安全监督□ 质量检验□ 7S 监督□</td></tr>
<tr><td>规定时间</td><td></td><td>完成时间</td><td></td><td>考核日期</td><td></td><td>总评成绩</td><td></td></tr>
<tr><td rowspan="8">考核内容</td><td rowspan="2">序号</td><td rowspan="2" colspan="3">步 骤</td><td colspan="2">完成情况</td><td rowspan="2" colspan="2">标准分</td><td rowspan="2">评分</td></tr>
<tr><td>完成</td><td>未完成</td></tr>
<tr><td>1</td><td colspan="3">考核准备:
材料:
工具:
设备:
安全防护:
劳动保护:</td><td></td><td></td><td colspan="2">10</td><td></td></tr>
<tr><td>2</td><td colspan="3">直观检查</td><td></td><td></td><td colspan="2">5</td><td></td></tr>
<tr><td>3</td><td colspan="3">用故障诊断仪读取故障码</td><td></td><td></td><td colspan="2">15</td><td></td></tr>
<tr><td>4</td><td colspan="3">用故障诊断仪读取数据流</td><td></td><td></td><td colspan="2">15</td><td></td></tr>
<tr><td>5</td><td colspan="3">用万用表检测空气流量传感器</td><td></td><td></td><td colspan="2">15</td><td></td></tr>
<tr><td>6</td><td colspan="3">用示波器检测空气流量传感器</td><td></td><td></td><td colspan="2">15</td><td></td></tr>
<tr><td colspan="4">7S 管理:
整理、整顿、清扫、清洁、素养、安全、节约</td><td colspan="4">10</td><td></td></tr>
<tr><td colspan="4">团队协作</td><td colspan="4">5</td><td></td></tr>
<tr><td colspan="4">沟通表达</td><td colspan="4">5</td><td></td></tr>
<tr><td colspan="4">工单填写</td><td colspan="4">5</td><td></td></tr>
<tr><td colspan="4">教师评语</td><td colspan="5"></td></tr>
</table>

任务 2.2 进气压力传感器的检修

（一）理论测试

1. 选择题

（1）在速度密度型的燃油喷射系统中，对喷油器的通电时间或喷油持续时间最大的传感器是（　　）。

A. 空气流量传感器　　　　　　B. 进气歧管绝对压力传感器
C. 氧传感器　　　　　　　　　D. 发动机冷却液温度传感器

（2）D 型电控发动机是以（　　）作为控制基本喷油量的主要参数。

A. 吸入空气量　　　　　　　　B. 发动机气缸压力
C. 进气管绝对压力　　　　　　D. 进气温度

2. 判断题

（1）进气压力传感器是通过检测发动机进气歧管内空气绝对压力（即真空度）的变化，并转换成电压信号，作为决定喷油正时的依据。（　　）

（2）在 L 型的燃油喷射系统中，采用进气压力传感器检测进气质量。（　　）

（3）进气压力传感器安装在空气滤清器和节气门之间。（　　）

3. 填空题

（1）进气压力传感器简称_____，普遍应用于 D 型电控燃油喷射系统中，一般装于发动机舱内。

（2）进气压力传感器应用较多的为_____和_____两种类型。

（3）压敏电阻式进气压力传感器主要由_____、_____、底座、硅杯、_____、引线电极和_____等组成。

4. 识图题

写出如图 2-2 所示的压敏电容式进气压力传感器各部件名称。

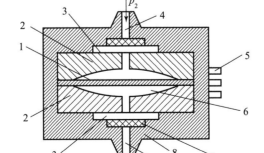

图 2-2　压敏电容式进气压力传感器

5. 简答题

简述进气压力传感器的作用、类型。

（二）技能操作

（1）进气压力传感器故障诊断作业表，如表2-3所示。

表2-3 进气压力传感器故障诊断作业表

姓名		班级		学号		组别	
车型		VIN码		车辆当前行驶里程		购车时间	
是否正常维护保养		车辆是否出现异常状况		异常出现时间		异常出现里程数	
发动机型号		客户陈述				日期	
故障原因分析		（1）症状确认： （2）原因分析：					
故障诊断方法及步骤		检查项目及检测结果					
		1. 读取故障码 （1）将点火开关打到"ON"位置，读取故障码。是否读取到与进气压力传感器相关的故障码？是□ 否□ （2）清除故障码后，起动发动机，再次读取故障码。是否读取到与进气压力传感器相关的故障码？是□ 否□，故障码为_____。 （3）若有故障码，应检查是否存在机械故障，是否存在线束断路、插接器虚接的现象？是□ 否□ （4）请判断故障是否在进气压力传感器本身？是□ 否□ _____					
		2. 检查是否存在机械故障，管路有无老化、破裂、漏气、错查的现象 是□ 否□					
		3. 读取数据流 （1）节气门在怠速位置时，读取到的进气压力传感器的数据为_____ _____ （2）节气门突然全开位置时，读取到的进气压力传感器的数据变化为___ _____					
		4. 利用万用表检查进气压力传感器，并记录相关数据 （1）进气压力传感器的安装位置：_____ 该进气压力传感器的类型是_____，插头端子数是_____。 （2）打开点火开关，测量进气压力传感器3#端子供电电压为_____V，是否正常？是□ 否□					

续表

姓名		班级		学号		组别	
车型		VIN 码		车辆当前行驶里程		购车时间	
是否正常维护保养		车辆是否出现异常状况		异常出现时间		异常出现里程数	
发动机型号		客户陈述				日期	

故障诊断方法及步骤	检查进气压力传感器 3#端子至 ECU 的 VC 端子之间的线路是否良好？ 是□ 否□ 检测进气压力传感器 3#端子至 ECU 的 E2、PIM 端子之间的线路绝缘性是否良好？是□ 否□ （3）检测进气压力传感器 1#端子搭铁是否正常？是□ 否□ （4）检测进气压力传感器 1#端子至 ECU 的 E2 端子之间线路是否良好？ 是□ 否□ 检测进气压力传感器 3#端子至 ECU 的 VC、PIM 端子之间线路绝缘性是否良好？是□ 否□ （5）拔下进气歧管处的真空软管，将手动真空泵连接到进气压力传感器上，打开点火开关，不起动发动机。使用手动真空泵向传感器内施加真空，测量在 100 mmHg（1 mmHg ≈ 0.133 kPa）、200 mmHg、300 mmHg、400 mmHg、500 mmHg 真空度下传感器的输出电压分别为____V、____V、____V、____V、____V。是否正常？是□ 否□ （6）接通点火开关，不起动发动机，检测传感器 2#端子与搭铁之间的信号电压为_____V。是否正常？是□ 否□ 当发动机怠速运转时，信号电压为_____V；当缓加速时，信号电压应随之_____；当急加速时，信号电压为_____V；当恒速时，信号电压应为_____V；急减速时，信号电压应为_____V。是否正常？是□ 否□ （7）检查进气压力传感器 2#端子至 ECU 的 PIM 端子之间的线路是否正常？是□ 否□ 检测进气压力传感器 2#端子至 ECU 的 E2、VC 端子之间线路绝缘性是否良好？是□ 否□
	5. 利用示波器检查进气压力传感器，并记录相关数据 （1）将示波器连接到进气压力传感器信号输出端，起动发动机。使其稳定怠速后，观察并画出输出波形为_____ _____ （2）将节气门逐渐开至全开，2 s 后再将节气门快速关闭，再稳定怠速 2 s，观察并画出空气流量传感器输出的波形_____ _____ （3）突然加大节气门到全开，2 s 后再将节气门快速关闭，再稳定怠速 5 s，观察并画出空气流量传感器输出的波形_____ _____ （4）根据波形，分析该空气流量传感器性能。 _____
检查结论	
建议解决故障方法	
总结故障诊断流程	

（2）进气压力传感器故障诊断项目评分表，如表 2-4 所示。

表 2-4 进气压力传感器故障诊断项目评分表

<table>
<tr><td rowspan="3">基本信息</td><td>姓名</td><td colspan="2"></td><td>学号</td><td colspan="2"></td><td>班级</td><td></td><td>组别</td><td></td></tr>
<tr><td>角色</td><td colspan="9">主修人员□ 辅修人员□ 工具管理□ 零件摆放□ 安全监督□ 质量检验□ 7S 监督□</td></tr>
<tr><td>规定时间</td><td colspan="2"></td><td>完成时间</td><td colspan="2"></td><td>考核日期</td><td></td><td>总评成绩</td><td></td></tr>
<tr><td rowspan="8">考核内容</td><td rowspan="2">序号</td><td colspan="3" rowspan="2">步　骤</td><td colspan="3">完成情况</td><td rowspan="2" colspan="2">标准分</td><td rowspan="2">评分</td></tr>
<tr><td colspan="2">完成</td><td>未完成</td></tr>
<tr><td>1</td><td colspan="3">考核准备：
材料：
工具：
设备：
安全防护：
劳动保护：</td><td colspan="2"></td><td></td><td colspan="2">10</td><td></td></tr>
<tr><td>2</td><td colspan="3">直观检查</td><td colspan="2"></td><td></td><td colspan="2">5</td><td></td></tr>
<tr><td>3</td><td colspan="3">用故障诊断仪读取故障码</td><td colspan="2"></td><td></td><td colspan="2">15</td><td></td></tr>
<tr><td>4</td><td colspan="3">用故障诊断仪读取数据流</td><td colspan="2"></td><td></td><td colspan="2">15</td><td></td></tr>
<tr><td>5</td><td colspan="3">用万用表检测进气压力传感器</td><td colspan="2"></td><td></td><td colspan="2">15</td><td></td></tr>
<tr><td>6</td><td colspan="3">用示波器检测进气压力传感器</td><td colspan="2"></td><td></td><td colspan="2">15</td><td></td></tr>
<tr><td colspan="2">7S 管理：
整理、整顿、
清扫、清洁、
素养、安全、
节约</td><td colspan="7"></td><td colspan="2">10</td><td></td></tr>
<tr><td colspan="2">团队协作</td><td colspan="7"></td><td colspan="2">5</td><td></td></tr>
<tr><td colspan="2">沟通表达</td><td colspan="7"></td><td colspan="2">5</td><td></td></tr>
<tr><td colspan="2">工单填写</td><td colspan="7"></td><td colspan="2">5</td><td></td></tr>
<tr><td colspan="2">教师评语</td><td colspan="9"></td></tr>
</table>

任务 2.3 冷却液/进气温度传感器的检修

(一) 理论测试

1. 选择题

(1) 负温度系数的冷却液温度传感器电阻值随温度的升高而（　　）。
A. 变小　　　　　　　　　　B. 不变
C. 升高　　　　　　　　　　D. 不确定

(2)（　　）的作用是检测进气温度，并将温度信号转变成电信号输送给 ECU，作为燃油喷射和点火正时的修正信号。
A. 冷却液温度传感器
B. 空气流量传感器
C. 进气压力传感器
D. 进气温度传感器

(3)（　　）的作用是用来检测发动机冷却液的温度，并将温度信号转变为电信号输送给 ECU，作为燃油喷射、点火正时、怠速、废气再循环、冷却液风扇等控制的主要修正信号。
A. 冷却液温度传感器
B. 空气流量传感器
C. 进气压力传感器
D. 进气温度传感器

2. 判断题

(1) 冷却液温度传感器的作用是检测进气温度，并将温度信号转变成电信号输送给 ECU，作为燃油喷射和点火正时的修正信号。（　　）
(2) 汽车上常用的是正温度系数型热敏电阻式传感器。（　　）
(3) 冷却液温度传感器可作为燃油喷射、点火正时、怠速、废气再循环、冷却液风扇等控制的主要修正信号。（　　）

3. 填空题

(1) 冷却液温度传感器目前采用较多的是_____温度传感器。
(2) 热敏电阻式冷却液温度传感器可分为_____和_____热敏电阻两种。
(3) 热敏电阻式温度传感器主要由_____、_____、金属或塑料壳体、_____等组成。

4. 识图题

写出如图 2-3 所示的冷却液温度传感器各部件名称。

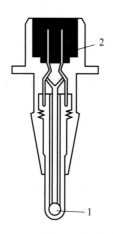

图 2-3 冷却液温度传感器

5. 简答题

简述冷却液温度传感器的作用、类型及工作原理。

（二）技能操作

（1）冷却液/进气温度传感器故障诊断作业表，如表 2-5 所示。

表 2-5 冷却液/进气温度传感器故障诊断作业表

姓名		班级		学号		组别	
车型		VIN 码		车辆当前行驶里程		购车时间	
是否正常维护保养		车辆是否出现异常状况		异常出现时间		异常出现里程数	
发动机型号		客户陈述				日期	
故障原因分析	（1）症状确认： （2）原因分析：						
故障诊断方法及步骤	检查项目及检测结果						
故障诊断方法及步骤	1. 读取故障码 （1）接故障诊断仪，按菜单引导选择对应选项，进入发动机控制单元，读取故障码。是否读取到与冷却液/进气温度传感器相关的故障码？是□ 否□ （2）清除故障码后，起动发动机，再次读取故障码。是否读取到与冷却液/进气温度传感器相关的故障码？是□ 否□，故障码为_____ （3）若有故障码，应检查是否存在机械故障，是否存在线束断路、插接器虚接的现象？是□ 否□ （4）请判断故障是否在冷却液/进气温度传感器本身？是□ 否□						

续表

姓名		班级		学号		组别	
车型		VIN 码		车辆当前行驶里程		购车时间	
是否正常维护保养		车辆是否出现异常状况		异常出现时间		异常出现里程数	
发动机型号		客户陈述				日期	

故障诊断方法及步骤	2. 检查是否存在机械故障，是否存在线束断路、插接器虚接的现象 是□ 否□
	3. 读取数据流 （1）用故障诊断仪读取发动机冷机时的静态数据流，读取到的冷却液/进气温度传感器的数据为_____ （2）起动发动机，读取发动机系统不同运行工况下的动态数据流，读取到的冷却液/进气温度传感器的数据变化为_____ 踩下加速踏板，使发动机温度上升，观察"发动机冷却水温"数值逐渐_____，"冷却水温度传感器输出的电压值"数值应逐渐_____。
	4. 利用万用表检查冷却液/进气温度传感器，并记录相关数据 （1）打开点火开关，测量冷却液温度传感器3#端子供电电压为____V，是否正常？是□ 否□ （2）检测冷却液温度传感器3#端子至ECU之间线路的导通性、绝缘性是否良好？是□ 否□ （3）检测冷却液温度传感器1#端子搭铁是否正常？是□ 否□ （4）检测冷却液温度传感器1#端子至ECU之间线路的导通性、绝缘性是否良好？是□ 否□ （5）将冷却液温度传感器线束插头接好，起动发动机，将发动机逐渐升温，测量冷却液传感器1#与3#端子之间的电压为____V，温度越低时电压越____，温度越高时电压越____。是否正常？是□ 否□ （6）记录冷却液温度传感器的电阻值，并分析工作状态。 | 温度/℃	阻值/Ω	温度/℃	阻值/Ω
---	---	---	---
-20		40	
0		60	
10		80	
20		100		
	5. 进气温度传感器的检测 （1）打开点火开关，测量进气温度传感器1#端子供电电压为____V，是否正常？是□ 否□ （2）检测进气温度传感器1#端子至ECU端子之间线路的导通性、绝缘性是否良好？是□ 否□ （3）检测进气温度传感器2#端子搭铁是否正常？是□ 否□ （4）检测进气温度传感器2#端子至ECU端子之间线路的导通性、绝缘性是否良好？是□ 否□ （5）记录进气温度传感器的电阻值，并分析工作状态是否正常？ 是□ 否□

续表

姓名		班级		学号		组别	
车型		VIN 码		车辆当前行驶里程		购车时间	
是否正常维护保养		车辆是否出现异常状况		异常出现时间		异常出现里程数	
发动机型号		客户陈述				日期	
故障诊断方法及步骤		温度/℃	阻值/Ω		温度/℃	阻值/Ω	
		-20			40		
		0			60		
		10			80		
		20			100		
检查结论							
建议解决故障方法							
总结故障诊断流程							

(2) 冷却液/进气温度传感器故障诊断项目评分表，如表 2-6 所示。

表 2-6 冷却液/进气温度传感器故障诊断项目评分表

基本信息	姓名		学号		班级		组别	
	角色	主修人员□ 辅修人员□ 工具管理□ 零件摆放□ 安全监督□ 质量检验□ 7S 监督□						
	规定时间		完成时间		考核日期		总评成绩	
考核内容	序号	步骤		完成情况		标准分	评分	
				完成	未完成			
	1	考核准备： 材料： 工具： 设备： 安全防护： 劳动保护：				10		
	2	直观检查				5		
	3	用故障诊断仪读取故障码				15		
	4	用故障诊断仪读取数据流				15		
	5	用万用表检测冷却液/进气温度传感器				15		
	6	用示波器检测冷却液/进气温度传感器				15		
	7S 管理： 整理、整顿、清扫、清洁、素养、安全、节约					10		
	团队协作					5		
	沟通表达					5		
	工单填写					5		
	教师评语							

任务2.4 节气门体组件的检修、清洗与匹配

(一) 理论测试

1. 选择题

(1) 以下关于节气门位置传感器信号,哪个说法错误?(　　)。

A. 随着节气门开度增加,节气门位置传感器输出电压升高

B. 随着节气门开度增加,节气门位置传感器电阻值升高

C. 节气门位置传感器电压信号把节气门打开的速度告诉ECU

D. 电子节气门系统中采用双节气门位置传感器,输出相等的电压信号

(2) 对于节气门位置传感器的故障诊断,以下哪些是不正确的?(　　)

A. 节气门位置传感器的电压信号应该从怠速时的1 V平稳地上升到节气门全开时的6 V

B. 节气门位置传感器故障将导致怠速转速偏移

C. 节气门传感器属于一个滑动电阻

D. 节气门传感器工作时需要提供一个参考电压

(3) 一般节气门位置传感器安装在什么位置?(　　)

A. 进气歧管上　　　　　　　　B. 进气管上

C. 油面踏板下面　　　　　　　D. 节气门体上

2. 判断题

(1) 节气门位置传感器检测节气门的开度及开度变化,并把该信号转变成电信号输送给ECU。(　　)

(2) 节气门体只有电子式节气门体一种。(　　)

(3) 怠速开关则用来判定节气门是否进入怠速状态。(　　)

(4) 在手动变速器车上,节气门位置传感器故障会影响换挡。(　　)

3. 填空题

(1) 节气门体安装在空气流量传感器与进气总管之间,主要由＿＿＿＿＿和＿＿＿＿＿组成。

(2) 整体式怠速稳定装置主要由＿＿＿＿、＿＿＿＿、＿＿＿＿、＿＿＿＿、＿＿＿＿和怠速开关等构成。

(3) 节气门体主要分为＿＿＿＿节气门体和＿＿＿＿节气门体两种。

(4) 节气门位置传感器根据其结构和原理不同,可分为＿＿＿＿和＿＿＿＿两种。

4. 识图题

写出如图2-4所示电子式节气门体各部件名称。

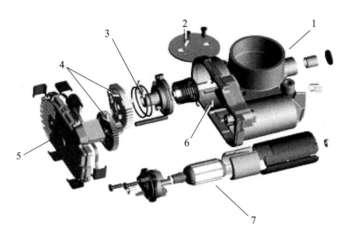

图 2-4 电子式节气门体

5. 简答题

简述节气门位置传感器的作用、类型及工作原理。

（二）技能操作

（1）节气门体组件检修、清洗与匹配作业表，如表 2-7 所示。

表 2-7 节气门体组件检修、清洗与匹配作业表

姓名		班级		学号		组别	
车型		VIN 码		车辆当前行驶里程		购车时间	
是否正常维护保养		车辆是否出现异常状况		异常出现时间		异常出现里程数	
发动机型号		客户陈述				日期	
故障原因分析	（1）症状确认： （2）原因分析：						
故障诊断方法及步骤	检查项目及检测结果						
	1. 读取故障码 （1）将点火开关打到"ON"位置，读取故障码。是否读取到与节气门位置传感器相关的故障码？是□ 否□ （2）清除故障码后，起动发动机，再次读取故障码。是否读取到与节气门位置传感器相关的故障码？是□ 否□，写出节气门位置传感器故障码及其含义_____。 （3）若有故障码，应检查是否存在机械故障，是否存在线束断路、插接器虚接的现象？是□ 否□ （4）请判断故障是否在节气门位置传感器本身？是□ 否□ 2. 读取数据流 （1）当加速踏板在怠速位置时，节气门开度为_____						

续表

姓名		班级		学号		组别	
车型		VIN 码		车辆当前行驶里程		购车时间	
是否正常维护保养		车辆是否出现异常状况		异常出现时间		异常出现里程数	
发动机型号		客户陈述				日期	
故障诊断方法及步骤	（2）当加速踏板在全开位置时，节气门开度为_____ （3）当加速踏板缓慢踩下时，节气门开度是否逐渐加大_____ （4）当加速踏板缓慢踩下时，节气门开度有无跳跃性变化_____						
	3. 利用万用表检查节气门位置传感器，并记录相关数据 （1）打开点火开关，测量节气门位置传感器4#端子供电电压为_____V，是否正常？是□ 否□ （2）检查节气门位置传感器4#端子至ECU之间线路的导通性、绝缘性是否良好？是□ 否□ （3）检测节气门位置传感器7#端子搭铁是否正常？是□ 否□ （4）检测节气门位置传感器7#端子至ECU端子之间线路的导通性、绝缘性是否良好？是□ 否□ （5）接通点火开关，不起动发动机，检测传感器5#端子与搭铁之间的信号电压。当节气门关闭时，信号电压为_____V，当节气门全开时信号电压为_____V，是否正常？是□ 否□ （6）检查节气门位置传感器5#端子至ECU端子之间线路的导通性、绝缘性是否正常？是□ 否□ （7）检测怠速开关F60，接通点火开关，节气门全开，检测J338线束插头3#与7#端子间的电压为_____V，节气门全闭时为_____V。是否正常？是□ 否□ 检测节气门位置传感器3#端子至ECU端子之间线路的导通性、绝缘性是否正常？是□ 否□						
	4. 利用示波器检查节气门位置传感器，并记录相关数据 （1）将示波器连接到节气门位置传感器信号输出端，打开点火开关，不起动发动机。慢慢让节气门从全闭位置到全开位置，观察并画出输出波形。 （2）根据波形分析传感器性能_____ _____						
	5. 节气门体的清洗步骤 _____ _____ _____						
	6. 节气门体的匹配步骤 _____ _____ _____						
检查结论							
建议解决故障方法							
总结故障诊断流程							

(2) 节气门体组件检修、清洗与匹配项目评分表，如表 2-8 所示。

表 2-8 节气门体组件检修、清洗与匹配项目评分表

<table>
<tr><td rowspan="3">基本信息</td><td>姓名</td><td colspan="2"></td><td>学号</td><td colspan="2"></td><td>班级</td><td></td><td>组别</td><td></td></tr>
<tr><td>角色</td><td colspan="9">主修人员□ 辅修人员□ 工具管理□ 零件摆放□ 安全监督□ 质量检验□ 7S 监督□</td></tr>
<tr><td>规定时间</td><td colspan="2"></td><td>完成时间</td><td colspan="2"></td><td>考核日期</td><td></td><td>总评成绩</td><td></td></tr>
<tr><td rowspan="9">考核内容</td><td rowspan="2">序号</td><td colspan="4" rowspan="2">步　骤</td><td colspan="4">完成情况</td><td rowspan="2">标准分</td><td rowspan="2">评分</td></tr>
<tr><td colspan="2">完成</td><td colspan="2">未完成</td></tr>
<tr><td>1</td><td colspan="4">考核准备：
材料：
工具：
设备：
安全防护：
劳动保护：</td><td colspan="2"></td><td colspan="2"></td><td>10</td><td></td></tr>
<tr><td>2</td><td colspan="4">直观检查</td><td colspan="2"></td><td colspan="2"></td><td>5</td><td></td></tr>
<tr><td>3</td><td colspan="4">用故障诊断仪读取故障码</td><td colspan="2"></td><td colspan="2"></td><td>10</td><td></td></tr>
<tr><td>4</td><td colspan="4">用故障诊断仪读取数据流</td><td colspan="2"></td><td colspan="2"></td><td>10</td><td></td></tr>
<tr><td>5</td><td colspan="4">用万用表检测节气门位置传感器</td><td colspan="2"></td><td colspan="2"></td><td>10</td><td></td></tr>
<tr><td>6</td><td colspan="4">用示波器检测节气门位置传感器</td><td colspan="2"></td><td colspan="2"></td><td>10</td><td></td></tr>
<tr><td>7</td><td colspan="4">节气门体的清洗</td><td colspan="2"></td><td colspan="2"></td><td>10</td><td></td></tr>
<tr><td>8</td><td colspan="4">节气门体的匹配</td><td colspan="2"></td><td colspan="2"></td><td>10</td><td></td></tr>
<tr><td colspan="5">7S 管理：
整理、整顿、清扫、清洁、素养、安全、节约</td><td colspan="5"></td><td>10</td><td></td></tr>
<tr><td colspan="5">团队协作</td><td colspan="5"></td><td>5</td><td></td></tr>
<tr><td colspan="5">沟通表达</td><td colspan="5"></td><td>5</td><td></td></tr>
<tr><td colspan="5">工单填写</td><td colspan="5"></td><td>5</td><td></td></tr>
<tr><td colspan="5">教师评语</td><td colspan="6"></td></tr>
</table>

任务3　电控汽油机怠速控制系统的检修

（一）理论测试

1. 选择题

（1）旁通空气式怠速控制是通过调节（　　）来控制空气流量的方法实现的。
A. 旁通气道的空气通路面积　　　　B. 主气道的空气通路面积
C. 主气道或旁通气道的空气通路面积　　D. 节气门开度

（2）桑塔纳2000型时代超人发动机采用（　　）怠速控制执行机构。
A. 节气门直动式　　　　　　　　B. 节气门被动式
C. 旁通空气式　　　　　　　　　D. 主气道式

（3）丰田车步进电机式怠速控制阀可有（　　）种不同的开启位置。
A. 64　　　　B. 125　　　　C. 128　　　　D. 256

（4）丰田车步进电机式怠速控制阀的四个线圈阻值都应在（　　）范围内。
A. 2～5 Ω　　B. 5～10 Ω　　C. 10～30 Ω　　D. 30～50 Ω

（5）下列哪一项不是旋转电磁阀式怠速控制项目？（　　）
A. 起动后控制　　　　　　　　　B. 反馈控制
C. 固定占空比控制　　　　　　　D. 暖机控制

（6）在电控怠速控制系统中，ECU首先根据各传感器的输入信号确定（　　）转速。
A. 理论　　　　B. 目标　　　　C. 实际　　　　D. 假想

（7）丰田车系步进电机式怠速控制阀，在点火开关关闭后处于（　　）状态。
A. 全开　　　　B. 全闭　　　　C. 半开　　　　D. 打开一个步级

（8）当冷却水温度达到（　　）时，步进电机式怠速控制执行机构的暖机控制结束，怠速控制阀达到正常怠速开度。
A. 50 ℃　　　B. 60 ℃　　　C. 70 ℃　　　D. 80 ℃

（9）旋转电磁阀式怠速控制装置中，滑阀的最大偏转角度限制在（　　）内。
A. 30°　　　　B. 60°　　　　C. 90°　　　　D. 120°

（10）旋转电磁阀式怠速控制执行机构中，阀门的开启程度及方向由控制线圈的（　　）控制。
A. 电压大小　　B. 电流大小　　C. 电阻大小　　D. 电流方向

2. 判断题

（1）节气门直动式怠速控制执行机构具有很强的工作能力、控制位置稳定性良好、控制速度快、响应性较好的优点。　　　　　　　　　　　　　　　　　　　（　　）

（2）旋转电磁阀式怠速控制阀具有体积小、质量轻、可控制快怠速等特点。（　　）

（3）点火开关处于"OFF"位置时，无论步进电机式怠速电磁阀位于何位置，都将

迅速退回到全部打开状态,为下次冷起动做好准备。 ( )

(4) 步进电机式怠速控制阀可有 125 种不同的开启位置。 ( )

3. 填空题

(1) 怠速控制系统是电控发动机的一个子系统,主要由_____、_____和_____组成。

(2) 怠速控制系统空气提供方式主要分为两种:_____和_____。

(3) _____,它是一种改变节气门旁通空气量的控制怠速装置。

(4) 旁通空气式怠速控制系统按照阀门工作原理可分为_____、_____和_____。

4. 识图题

写出如图 3-1 所示节气门直动式控制装置各部件名称。

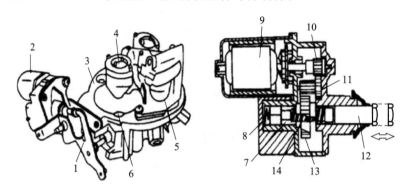

图 3-1 节气门直动式控制装置

5. 简答题

(1) 简述怠速控制系统的作用。

(2) 简述旋转电磁阀式怠速控制系统的工作原理。

(3) 简述步进电机式怠速控制执行机构的控制内容。

（二）技能操作

（1）电控汽油机怠速控制系统故障检修作业表，如表 3-1 所示。

表 3-1　电控汽油机怠速控制系统故障检修作业表

姓名		班级		学号		组别	
车型		VIN 码		车辆当前行驶里程		购车时间	
是否正常维护保养		车辆是否出现异常状况		异常出现时间		异常出现里程数	
发动机型号		客户陈述				日期	
故障原因分析		（1）症状确认： （2）原因分析：					
故障诊断方法及步骤		检查项目及检测结果					
		1. 读取故障码 （1）接故障诊断仪，按菜单引导选择对应选项，进入发动机控制单元，读取故障码。是否读取到与怠速控制系统相关的故障码？是□　否□ （2）清除故障码后，起动发动机，再次读取故障码。是否读取到与怠速控制系统相关的故障码？是□　否□，故障码为_____。 （3）若有故障码，应检查是否存在机械故障，是否存在线束断路、插接器虚接的现象？是□　否□ （4）请判断故障是否在怠速控制系统本身？是□　否□					
		2. 利用万用表检查怠速控制系统，并记录相关数据 （1）怠速控制系统的安装位置：_____ 结构形式：_____ 怠速控制系统的作用：_____ 该怠速控制系统的类型是_____，插头端子数是_____。 （2）打开点火开关，测量节气门位置传感器 4#端子供电电压为_____V，是否正常？是□　否□ 检查节气门位置传感器 4#端子至 ECU 端子之间线路的导通性、绝缘性是否良好？是□　否□ （3）检测节气门位置传感器 7#端子搭铁是否正常？是□　否□ （4）检测节气门位置传感器 7#端子至 ECU #端子之间线路的导通性、绝缘性是否良好？是□　否□ （5）接通点火开关，不起动发动机，检测传感器 5#端子与搭铁之间的信号电压。当节气门关闭时，信号电压为_____V，当节气门全开时信号电压为_____V，是否正常？是□　否□ （6）检查节气门位置传感器 5#端子至 ECU 端子之间线路的导通性、绝缘性是否正常？是□　否□ （7）检测怠速开关 F60，接通点火开关，节气门全开，检测 J338 线束插头 3#与 7#端子间的电压为_____V，节气门全闭时为_____V。是否正常？是□　否□ 检测节气门位置传感器 3#端子至 ECU 端子之间线路的导通性、绝缘性是否正常？是□　否□					

续表

姓名		班级		学号		组别	
车型		VIN 码		车辆当前行驶里程		购车时间	
是否正常维护保养		车辆是否出现异常状况		异常出现时间		异常出现里程数	
发动机型号		客户陈述				日期	
故障诊断方法及步骤	（8）检测节气门定位器。 打开点火开关，用数字万用表测量 ECU 上的 66#端子的电压值为_____V，59#端子的电压值为_____V，是否正常？是□ 否□ 测量节气门定位器导线的导通情况。用数字万用表测量 ECU 线束插座至节气门定位器电线插头间的电阻值为_____Ω，是否正常？是□ 否□ （9）直流电动机检测。电动机 1、2#端子阻值为_____Ω，是否正常？是□ 否□						
检查结论							
建议解决故障方法							
总结故障诊断流程							

（2）电控汽油机怠速控制系统故障检修项目评分表，如表 3-2 所示。

表 3-2 电控汽油机怠速控制系统故障检修项目评分表

基本信息	姓名		学号		班级		组别	
	角色	主修人员□ 辅修人员□ 工具管理□ 零件摆放□ 安全监督□ 质量检验□ 7S 监督□						
	规定时间		完成时间		考核日期		总评成绩	
考核内容	序号	步骤		完成情况		标准分	评分	
				完成	未完成			
	1	考核准备： 材料： 工具： 设备： 安全防护： 劳动保护：				10		
	2	直观检查				10		
	3	用故障诊断仪读取故障码				20		
	4	用万用表检测怠速控制系统				35		
7S 管理：整理、整顿、清扫、清洁、素养、安全、节约						10		
团队协作						5		
沟通表达						5		
工单填写						5		
教师评语								

任务4.1 可变气门正时控制系统的检修

（一）理论测试

1. 判断题

（1）VVT系统的控制机油与发动机润滑系统共用。（　　）

（2）VVT系统采用单一凸轮，不能调节气门升程。（　　）

（3）控制阀两端子分别与搭铁之间的电阻应为10 Ω或更大，否则为断路。（　　）

（4）VVT系统主动测试时，应保持发动机处于高速运转状态。（　　）

2. 填空题

（1）现代汽车发动机采用可变气门电子控制后，能适时地改变_____和_____，有利于更好地发挥汽油发动机的性能。

（2）对于VVT控制器检查时可使用_____代替发动机油压。

（3）丰田VVT-i智能可变气门正时系统在进气凸轮轴与传动链轮之间具有_____。

（4）VVT-i智能可变气门正时系统其主要部件是调整凸轮轴转角的_____和对传送的机油压力进行控制的_____。

（5）VVT系统的所有工作均需通过_____完成，为保证VVT及时、准确的工作，必须保证油压在工作范围内。

3. 简答题

（1）不同发动机工况对进气门的升程有什么要求？

（2）VTEC、VVT、VANOS的概念是什么？

（3）VVT主要由哪些部分组成？

（二）技能操作

（1）可变气门正时控制系统检修作业表，如表4-1所示。

表4-1 可变气门正时控制系统检修作业表

姓名		班级		学号		组别	
车型		VIN码		车辆当前行驶里程		购车时间	
是否正常维护保养		车辆是否出现异常状况		异常出现时间		异常出现里程数	
发动机型号		客户陈述				日期	
故障原因分析		（1）症状确认： （2）原因分析：					
故障诊断方法及步骤		检查项目及检测结果					
		1. 读取故障码 （1）接故障诊断仪，按菜单引导选择对应选项，进入发动机控制单元，读取故障码。是否读取到与VVT系统相关的故障码？是□ 否□ （2）清除故障码后，起动发动机，再次读取故障码。是否读取到与VVT系统相关的故障码？是□ 否□，故障码为_____ （3）若有故障码，应检查是否存在机械故障，是否存在线束断路、插接器虚接的现象？是□ 否□ （4）请判断故障是否在VVT系统本身？是□ 否□					
		2. VVT系统拆卸时的注意事项 VVT系统拆卸要注意先_____。					
		3. 利用万用表检查VVT系统，并记录相关数据 （1）将故障诊断仪连接至检测端口，并进入主动测试菜单栏，起动发动机并维持在怠速状态，对控制阀进行主动检测，此时空调系统_____（是/否）工作，此时发动机温度为_____℃。 检测时观察发动机转速，控制阀工作（是/否）怠速不稳或失速。是□ 否□ 如无变化说明控制阀或其控制电路失效，应进行拆卸检测。主动测试后注意清除故障代码。 （2）拆卸检测：拆下VVT控制阀，用万用表检测电磁阀两个端子之间的电压常温下为_____Ω。将电池正电压接至电磁阀端子1，端子2接至电池负极或搭铁，电磁阀阀芯应能迅速移动，否则应更换控制阀。 （3）控制电路检测：VVT电磁阀有两根导线连接到ECU端口，具体端子查阅不同车型的维修手册，检查导线端子之间的电阻为_____Ω；控制阀两端子分别与搭铁之间的电阻为_____Ω。					
		4. 机油滤网检测 检查机油控制阀滤清器，检查滤网有无阻塞？是□ 否□					

续表

姓名		班级		学号		组别	
车型		VIN 码		车辆当前行驶里程		购车时间	
是否正常维护保养		车辆是否出现异常状况		异常出现时间		异常出现里程数	
发动机型号		客户陈述				日期	
故障诊断方法及步骤	5. 检查凸轮轴正时齿轮总成 将正时链条绕在凸轮轴正时齿轮上，用游标卡尺测量齿轮和链条的直径为_____mm，不符合标准的，更换链条和齿轮。 6. 液压相位器检测（机械转动及锁销锁止） 对于 VVT 控制器检查时可使用压缩空气代替发动机油压。 （1）用胶布封住各油孔，以防止机油飞溅。 （2）分别挑开提前室和延迟室油孔，充入大约_____kPa 的压缩空气。 （3）将压缩空气同时施加在提前侧和延迟侧，此时锁销处于解锁状态。将压缩空气同时施加在提前侧和延迟侧，可防止当锁销被释放时正时齿轮突然移动。 （4）逐渐减少延迟侧的压缩空气，此时正时齿轮_____（是/否）向提前侧移动。当凸轮轴正时齿轮到达最提前的位置时，断开正时延迟侧压缩空气。然后，断开正时提前侧压缩空气，相位器保持在最提前位。 （5）将正时齿轮轻轻反方向转动，在未达到最延迟侧时，正时齿轮_____（是/否）可以在任意位置平滑转动，转到最延迟侧时，锁销进入锁定位置卡死，此时转动正时齿轮_____（是/否）锁止良好。 7. 以上步骤均没有问题则更换 ECU							

检查结论	检测项目		检测条件	标准值	测量值	结论
	故障码		故障记录			
	数据流		气门开度			
	VVT 控制阀	怠速是否稳定				
		电磁阀电阻				
		电磁阀动作				
	VVT 阀电路导通性	导线一				
		导线二				
	机油滤网		是否堵塞			
	正时齿轮		直径			
	液压相位器	提前侧移动				
		延迟侧移动				
		锁销				

建议解决故障方法	
总结故障诊断流程	

（2）可变气门正时控制系统检修项目评分表，如表4-2所示。

表4-2 可变气门正时控制系统检修项目评分表

基本信息	姓名		学号		班级		组别	
	角色	主修人员□ 辅修人员□ 工具管理□ 零件摆放□ 安全监督□ 质量检验□ 7S监督□							
	规定时间		完成时间		考核日期		总评成绩	
考核内容	序号	步骤	完成情况		标准分	评分
			完成	未完成		
	1	考核准备： 材料： 工具： 设备： 安全防护： 劳动保护：			10	
	2	直观检查			5	
	3	用故障诊断仪读取故障码			15	
	4	用故障诊断仪读取数据流			15	
	5	用万用表检测VVT系统			15	
	6	VVT系统机械元件检测			15	
7S管理： 整理、整顿、清扫、清洁、素养、安全、节约					10	
团队协作					5	
沟通表达					5	
工单填写					5	
教师评语						

任务 4.2　VTEC 控制系统的检修

（一）理论测试

1. 判断题
（1）每个气门的升程是与凸轮的轮廓大小有关的。（　　）
（2）当发动机低速运转时，VTEC 系统控制实现气门大升程。（　　）
（3）VTEC 系统中间摇臂压在一个内装弹簧的失效器上，不与任何气门直接接触。（　　）
（4）压力开关负责检测系统是否正处在工作状态并将信号传送给控制单元。（　　）
（5）VTEC 发动机不能同时控制气门开闭时间及升程。（　　）
（6）低速运转时，VTEC 发动机的主、次摇臂和中间摇臂缩成一体，一起动作。（　　）

2. 填空题
（1）低转速时系统使用_____的气门升程，这样有利于增加缸内紊流提高燃烧速度，增加发动机的低速扭矩，而高转速时使用_____的气门升程则可以显著提高进气流量，进而提升高转速时的功率输出。
（2）VTEC 系统就是在原有的凸轮轴上，增加了_____轮廓凸轮（中间凸轮）实现对气门升程的改变。
（3）当发动机转速下降到设定值时，电脑切断 VTEC 电磁阀电流，正时活塞一侧的油压_____，各摇臂油孔内的活塞在回位弹簧的作用下回位，三摇臂彼此分离独立工作。
（4）ECU 根据_____、_____、车速、_____、VTEC 压力开关等信号控制 VTEC 的控制系统。
（5）VTEC 相对于 VVT 系统增加了_____的控制。

3. 简答题
（1）简述 VTEC 的控制原理。

（2）VTEC 可变正时系统的常见故障原因是什么？

（3）VTEC 可变正时系统的工作条件是什么？

(二) 技能操作

(1) VTEC 控制系统检修作业表，如表 4-3 所示。

表 4-3 VTEC 控制系统检修作业表

姓名		班级		学号		组别	
车型		VIN 码		车辆当前行驶里程		购车时间	
是否正常维护保养		车辆是否出现异常状况		异常出现时间		异常出现里程数	
发动机型号		客户陈述				日期	
故障原因分析	（1）症状确认： （2）原因分析：						
故障诊断方法及步骤	检查项目及检测结果						
	1. VTEC 可变正时系统检测 进气摇臂总成的检修： （1）发动机不工作时，拆下气门室罩盖，转动曲轴分别使各缸处于压缩上止点位置，用手按压中间摇臂，主摇臂和次摇臂是否能够单独运动？ 是□ 否□ （2）用专用堵塞塞住油道减压孔，拆下油压检查孔处的密封螺栓，通入压力为 400 kPa 的压缩空气，用手推动正时片端部使其向上移动 2～3 mm。 转动曲轴使活塞处于压缩上止点位置，三个摇臂并列平行时，从三个摇臂的缝隙中观察同步活塞的结合情况，同步活塞是否将三个摇臂连接为一体？是□ 否□ 当停止输入压缩空气时，再推动正时片使其向上移动，摇臂内的同步活塞是否迅速回位？是□ 否□						
	2. VTEC 电磁阀及电路故障的查找 （1）验证故障：进行清除故障码操作后，按如下方法验证故障码： ①起动发动机，并使发动机达到正常工作温度。 ②进行道路试验，然后加速行驶，使发动机转速超过 4 800 r/min，并保持至少 2 s，若首次试验故障灯（MIL）不亮，则需重复两次以上这样的试验。 如果故障指示灯亮，记录故障码为_____，然后进行下一步检查。 （2）检查 VTEC 电磁阀电阻，方法如下： ①关闭点火开关，并断开 VTEC 电磁阀插头。 ②检查 VTEC 电磁阀插座端子与地之间的电阻，电阻为_____Ω；如果电阻值正常，则进行下一步检查。 （3）检查 VTEC 电磁阀导线有无断路： 检查 VTEC 电磁阀插头端子与 ECM 的 26 芯插接器的 A4 端子之间的电阻为_____Ω。 （4）检查 VTEC 电磁阀导线有无短路：用欧姆表检查 VTEC 电磁阀插头端子与地之间的通路情况，电阻为_____Ω 和_____Ω。						

续表

姓名		班级		学号		组别	
车型		VIN 码		车辆当前行驶里程		购车时间	
是否正常维护保养		车辆是否出现异常状况		异常出现时间		异常出现里程数	
发动机型号		客户陈述				日期	

故障诊断方法及步骤	3. VTEC 压力开关及电路故障的查找 （1）验证故障码：进行清除故障码操作后，读取故障码为_____。 （2）检查 VTEC 压力开关： ①用万用表的电阻挡检查压力开关的两导线端子，在发动机熄火时是否导通？是□ 否□ ②在发动机工作时（对电磁阀通电）转速在 3 000 r/min，检查 VTEC 压力开关在以上状态下插头端子是否导通？是□ 否□ ③用万用表检测压力开关线束插头的棕/黑色线端子和搭铁之间是否导通？是□ 否□ ④用万用表电阻挡检测压力开关线束插头的蓝/黑色线端子与 ECM – D6 端子对应的导线接点是否导通？是□ 否□ （3）检查 VTEC 电磁阀机油压力： ①接上 VTEC 电磁阀插头。 ②卸下电磁阀测油压孔的 M10 螺栓，将专用的接头和压力表连接到电磁阀上。 ③起动发动机，并使发动机运转至正常的工作温度（冷却风扇转动）。 ④测量发动机转速在 1 000 r/min、2 000 r/min 和 4 000 r/min 时的机油压力，油压为_____、_____及_____。 （4）检查 VTEC 电磁阀机油压力（加蓄电池电压）： ①关闭点火开关，再次断开 VTEC 电磁阀插头。 ②将蓄电池正极连接绿/白插头端子，负极接地。 ③起动发动机，并检查发动机转速在 3 000 r/min 时的机油压力，压力为_____。 4. 检查 VTEC 电磁阀 （1）检查 VTEC 电磁阀滤清器 O 形圈： ①卸下 VTEC 电磁阀总成的三个紧固螺栓，从气缸盖上拆下 VTEC 电磁阀总成。 ②检查 VTEC 电磁阀滤清器 O 形圈是否堵塞？是□ 否□ 如果有堵塞，应更换滤清器和发动机润滑油。 （2）检查 VTEC 电磁阀的活动情况，卸下 VTEC 电磁阀的 3 个螺栓后，用手指推动 VTEC 电磁阀芯，检查其活动是否正常？是□ 否□ 5. 使用电脑检测仪读取数据流 发动机转速小于 4 800 r/min 时，使用电脑检测仪检测 VTEC 电磁阀和油压开关状态为_____。 在发动机转速达到 4 800 r/min、车速高于 10 km/h、发动机水温高于 60 ℃、节气门度达到 25% 以上时，使用电脑检测仪检测 VTEC 电磁阀和油压开关，状态为_____。

续表

姓名		班级		学号		组别	
车型		VIN 码		车辆当前行驶里程		购车时间	
是否正常维护保养		车辆是否出现异常状况		异常出现时间		异常出现里程数	
发动机型号		客户陈述				日期	

检查结论	检测项目		检测条件	标准值	测量值	结论
	摇臂总成	无压缩空气时				
		有压缩空气时				
	VTEC 控制系统电磁阀	故障码				
		电磁阀电阻				
		导线通路				
		导线短路				
		O 形密封圈				
		阀芯灵活性				
	VTEC 控制系统压力开关	故障码				
		熄火时导通性				
		运转时导通性				
		导线短路				
		导线断路				
	机油压力	1 000 r/min				
		2 000 r/min				
		4 000 r/min				
		3 000 r/min（加蓄电池）				
	数据流	发动机转速小于 4 800 r/min				
		发动机转速大于 4 800 r/min				

建议解决故障方法	
总结故障诊断流程	

(2) VTEC 控制系统检修项目评分表，如表 4-4 所示。

表 4-4　VTEC 控制系统检修项目评分表

<table>
<tr><td rowspan="3">基本信息</td><td>姓名</td><td colspan="2"></td><td>学号</td><td colspan="2"></td><td>班级</td><td></td><td>组别</td><td></td></tr>
<tr><td>角色</td><td colspan="9">主修人员□　辅修人员□　工具管理□　零件摆放□　安全监督□　质量检验□　7S 监督□</td></tr>
<tr><td>规定时间</td><td colspan="2"></td><td>完成时间</td><td colspan="2"></td><td>考核日期</td><td></td><td>总评成绩</td><td></td></tr>
<tr><td rowspan="7">考核内容</td><td rowspan="2">序号</td><td colspan="4" rowspan="2">步　　骤</td><td colspan="4">完成情况</td><td rowspan="2">标准分</td><td rowspan="2">评分</td></tr>
<tr><td colspan="2">完成</td><td colspan="2">未完成</td></tr>
<tr><td>1</td><td colspan="6">考核准备：
材料：
工具：
设备：
安全防护：
劳动保护：</td><td colspan="2"></td><td>10</td><td></td></tr>
<tr><td>2</td><td colspan="6">检查摇臂总成</td><td colspan="2"></td><td>5</td><td></td></tr>
<tr><td>3</td><td colspan="6">检查 VTEC 控制系统电磁阀</td><td colspan="2"></td><td>15</td><td></td></tr>
<tr><td>4</td><td colspan="6">检查 VTEC 控制系统压力开关</td><td colspan="2"></td><td>15</td><td></td></tr>
<tr><td>5</td><td colspan="6">检查机油压力</td><td colspan="2"></td><td>15</td><td></td></tr>
<tr><td colspan="2">6</td><td colspan="6">检查数据流</td><td colspan="2"></td><td>15</td><td></td></tr>
<tr><td colspan="2">7S 管理：
整理、整顿、清扫、清洁、素养、安全、节约</td><td colspan="8"></td><td>10</td><td></td></tr>
<tr><td colspan="2">团队协作</td><td colspan="8"></td><td>5</td><td></td></tr>
<tr><td colspan="2">沟通表达</td><td colspan="8"></td><td>5</td><td></td></tr>
<tr><td colspan="2">工单填写</td><td colspan="8"></td><td>5</td><td></td></tr>
<tr><td colspan="2">教师评语</td><td colspan="9"></td></tr>
</table>

任务4.3 进气增压控制系统的检修

（一）理论测试

1. 判断题

（1）进气惯性效应与进气压力波传播路线的长度有关，不同的转速要求不同的长度。（　　）

（2）当进气管短时，形成的压力波波长长，适应发动机在中低速区域。（　　）

（3）废气涡轮增压器中的动力涡轮和增压涡轮安装在同一根轴上。（　　）

（4）废气涡轮增压器的工作转速非常高，因此，它的平衡和润滑非常重要。（　　）

2. 填空题

（1）利用进气的惯性效应来提高充气效率的措施有两种，一种是_____，另一种是在进气管中部加设一个大容量的_____和相应的控制装置。

（2）当发动机高速运转时，谐波进气增压控制系统的真空电磁阀_____，进气管中的控制阀_____。此时，由于_____的参与，缩短了压力波传播的距离，能得到较好的气动增压效果。

（3）废气涡轮增压器是废气涡轮增压控制系统最重要的部件，由_____、_____及中间体三部分组成。

（4）废气涡轮增压控制系统工作时，若废气旁通阀阀门打开，则通过动力涡轮的废气数量和气压_____，动力涡轮转速_____，增压涡轮进气增压压力_____。

3. 简答题

（1）什么是进气惯性增压机理？

（2）为什么发动机在低转速时，需要路径较长而截面较小的进气通道？而高速时需要短而粗的进气通道？

（3）废气涡轮增压控制系统由哪些组成？其控制原理是什么？

（二）技能操作

（1）进气增压控制系统检修作业表，如表4-5所示。

表4-5 进气增压控制系统检修作业表

姓名		班级		学号		组别	
车型		VIN码		车辆当前行驶里程		购车时间	
是否正常维护保养		车辆是否出现异常状况		异常出现时间		异常出现里程数	
发动机型号		客户陈述				日期	
故障原因分析		（1）症状确认： （2）原因分析：					
故障诊断方法及步骤		检查项目及检测结果					
		1. 谐波进气增压控制系统的检测 1）检查谐波进气增压控制系统的工作情况 利用三通接头将真空表接入进气控制阀的真空管路中，起动发动机，发动机怠速运转时真空表_____（有/无）指示；迅速将节气门完全打开，真空表指针在_____kPa的位置摆动，真空驱动器的拉杆_____（有/无）伸出。 2）检查真空驱动器 向真空驱动器的真空接口施加53.3 kPa的真空压力，真空驱动器拉杆是否移动？是□ 否□ 施加真空1 min后，拉杆是否回位动作？是□ 否□ 3）检查真空罐 用嘴或工具向真空罐内吹气，空气是否由A口通向B口？是□ 否□ 是否由B口通向A口？是□ 否□ 用手指按住B口，施加53.3 kPa的真空，1 min内真空度是否变化？是□ 否□ 4）检查真空电磁阀 谐波进气增压控制系统电路的主继电器触点闭合后，通过端子3给真空电磁阀供电，ECU通过ACIS端子控制真空电磁阀的搭铁回路。 （1）检查真空电磁阀线圈有无短路或断路现象：断开点火开关，拔下真空电磁阀插接器，用万用表测量真空电磁阀插孔中两端子间的电阻，20 ℃时电阻值为_____Ω，同时两端子与阀壳是否导通？是□ 否□ （2）检查真空电磁阀的工作情况：当真空电磁阀未通电时，空气是否能从通道E（接真空马达）进入，从空气滤清器中排出？是□ 否□ 当给真空电磁阀两端子施加12 V电压后，空气应是否能从通道E进入，从F口（接真空罐）排出？是□ 否□						
		2. 涡轮增压控制系统的检测 1）控制电磁阀检测 （1）基本检查： ①连接故障诊断仪，选择读取测量数据块。 ②从增压控制电磁阀上拆下软管，接上辅助软管，起动执行元件诊断，并触发增压控制电磁阀主动开启和关闭。						

续表

姓名		班级		学号		组别	
车型		VIN 码		车辆当前行驶里程		购车时间	
是否正常维护保养		车辆是否出现异常状况		异常出现时间		异常出现里程数	
发动机型号		客户陈述				日期	
故障诊断方法及步骤	③电磁阀是否发出响声？是□ 否□ （2）增压控制电磁阀电气检测： ①拔下电磁阀的供电插头，用万用表测量其电阻值是_____Ω。 ②使起动机短时工作（允许发动机短时起动），用万用表（电压测量挡）测量电磁阀端子1处的电压是_____。 2）元件检测 （1）检查密封圈和轴承是否良好？是□ 否□ （2）检查工作轮和叶轮是否有积炭？是□ 否□							

检查结论	检测项目		检测条件	标准值	测量值	结论
	真空驱动器	施压后				
		1 min 后				
	真空罐	A 到 B				
		B 到 A				
		真空度				
	真空电磁阀	电磁阀电阻				
		端子1与壳体				
		端子2与壳体				
		未通电时连接通路				
		通电时连接通路				
	涡轮增压电磁阀	电磁阀动作				
		电阻				
		端子1电压				

建议解决故障方法	
总结故障诊断流程	

（2）进气增压控制系统检修项目评分表，如表4-6所示。

表4-6 进气增压控制系统检修项目评分表

<table>
<tr><td rowspan="3">基本信息</td><td>姓名</td><td colspan="2"></td><td>学号</td><td colspan="2"></td><td>班级</td><td>组别</td><td></td></tr>
<tr><td>角色</td><td colspan="7">主修人员□ 辅修人员□ 工具管理□ 零件摆放□ 安全监督□ 质量检验□ 7S监督□</td></tr>
<tr><td>规定时间</td><td colspan="2"></td><td>完成时间</td><td colspan="2"></td><td>考核日期</td><td>总评成绩</td><td></td></tr>
<tr><td rowspan="8">考核内容</td><td rowspan="2">序号</td><td colspan="3" rowspan="2">步　　骤</td><td colspan="3">完成情况</td><td rowspan="2">标准分</td><td rowspan="2">评分</td></tr>
<tr><td colspan="2">完成</td><td>未完成</td></tr>
<tr><td>1</td><td colspan="3">考核准备：
材料：
工具：
设备：
安全防护：
劳动保护：</td><td colspan="3"></td><td>10</td><td></td></tr>
<tr><td>2</td><td colspan="3">直观检查</td><td colspan="3"></td><td>5</td><td></td></tr>
<tr><td>3</td><td colspan="3">检查真空罐驱动器</td><td colspan="3"></td><td>15</td><td></td></tr>
<tr><td>4</td><td colspan="3">检查真空罐</td><td colspan="3"></td><td>15</td><td></td></tr>
<tr><td>5</td><td colspan="3">检查真空管电磁阀</td><td colspan="3"></td><td>15</td><td></td></tr>
<tr><td>6</td><td colspan="3">检测涡轮增压电磁阀</td><td colspan="3"></td><td>15</td><td></td></tr>
<tr><td colspan="2">7S管理：
整理、整顿、清扫、清洁、素养、安全、节约</td><td colspan="6"></td><td>10</td><td></td></tr>
<tr><td colspan="2">团队协作</td><td colspan="6"></td><td>5</td><td></td></tr>
<tr><td colspan="2">沟通表达</td><td colspan="6"></td><td>5</td><td></td></tr>
<tr><td colspan="2">工单填写</td><td colspan="6"></td><td>5</td><td></td></tr>
<tr><td colspan="2">教师评语</td><td colspan="7"></td></tr>
</table>

任务 5.1　电动燃油泵的检修

（一）理论测试

1. 选择题

（1）汽车的燃油滤清器一般串联在以下哪个管道上？（　　）
A. 回油管　　　　B. 进气管　　　　C. 供油管　　　　D. 真空管

（2）关于汽油喷射系统中的电动汽油泵，以下哪个说法不正确？（　　）
A. 通常位于汽油滤清器与汽油箱之间
B. 通常位于汽油滤清器与汽油喷射器之间
C. 可能位于汽油箱内
D. 可能位于汽油箱外

2. 判断题

（1）电动燃油泵是一种由小型交流电动机驱动的燃油泵。　　　　　　　（　　）
（2）不同车型采用的燃油泵控制电路不一定相同。　　　　　　　　　　（　　）

3. 填空题

（1）电动燃油泵按照安装位置不同，分为_____和_____。
（2）电动燃油泵按照结构分类，有_____、_____和_____类型。

4. 识图题

请分析图 5-1 所示电路原理。

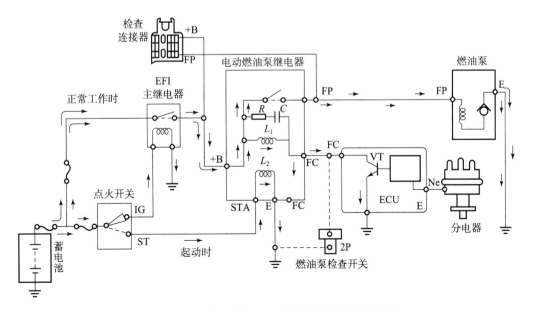

图 5-1　由点火开关和 ECU 控制的燃油泵控制电路

5. 简答题

如何检查电动汽油泵是否工作？

（二）技能操作

（1）电动燃油泵的检修作业表，如表 5-1 所示。

表 5-1 电动燃油泵的检修作业表

姓名		班级		学号		组别	
车型		VIN 码		车辆当前行驶里程		购车时间	
是否正常维护保养		车辆是否出现异常状况		异常出现时间		异常出现里程数	
发动机型号		客户陈述				日期	
工具选择							
检测项目		检测结果		检测步骤			
电动燃油泵工作情况检测							
结论		如果听到燃油泵运转声音，油管有脉动感，说明_____。如果听不到燃油泵运转声音，油管无脉动感，说明_____。						
燃油泵电阻的检测							
燃油泵继电器的检测							
燃油泵电压的检测							
结论							
建议处理意见							

(2) 电动燃油泵的检修项目评分表，如表 5-2 所示。

表 5-2 电动燃油泵的检修项目评分表

<table>
<tr><td rowspan="3">基本信息</td><td>姓名</td><td colspan="2"></td><td>学号</td><td colspan="2"></td><td>班级</td><td>组别</td><td></td></tr>
<tr><td>角色</td><td colspan="7">主修人员□ 辅修人员□ 工具管理□ 零件摆放□ 安全监督□ 质量检验□ 7S 监督□</td></tr>
<tr><td>规定时间</td><td colspan="2"></td><td>完成时间</td><td colspan="2"></td><td>考核日期</td><td>总评成绩</td><td></td></tr>
<tr><td rowspan="7">考核内容</td><td rowspan="2">序号</td><td colspan="3" rowspan="2">步　骤</td><td colspan="2">完成情况</td><td rowspan="2" colspan="2">标准分</td><td rowspan="2">评分</td></tr>
<tr><td>完成</td><td>未完成</td></tr>
<tr><td>1</td><td colspan="3">考核准备：
材料：
工具：
设备：
安全防护：
劳动保护：</td><td></td><td></td><td colspan="2">10</td><td></td></tr>
<tr><td>2</td><td colspan="3">电动燃油泵工作情况的检查</td><td></td><td></td><td colspan="2">20</td><td></td></tr>
<tr><td>3</td><td colspan="3">燃油泵电阻的检测</td><td></td><td></td><td colspan="2">10</td><td></td></tr>
<tr><td>4</td><td colspan="3">燃油泵继电器的检测</td><td></td><td></td><td colspan="2">20</td><td></td></tr>
<tr><td>5</td><td colspan="3">燃油泵供电电压的检测</td><td></td><td></td><td colspan="2">15</td><td></td></tr>
<tr><td colspan="2">7S 管理：
整理、整顿、
清扫、清洁、
素养、安全、
节约</td><td colspan="5"></td><td colspan="2">10</td><td></td></tr>
<tr><td colspan="2">团队协作</td><td colspan="5"></td><td colspan="2">5</td><td></td></tr>
<tr><td colspan="2">沟通表达</td><td colspan="5"></td><td colspan="2">5</td><td></td></tr>
<tr><td colspan="2">工单填写</td><td colspan="5"></td><td colspan="2">5</td><td></td></tr>
<tr><td colspan="2">教师评语</td><td colspan="7"></td></tr>
</table>

任务 5.2　燃油系统压力的检测

(一) 理论测试

1. 选择题

(1) 奔驰 S320 轿车的燃油压力大约是多少？（注：1 kgf = 9.8 N）
A. 372.3 ~ 420.6 kgf/cm²
B. 32.73 ~ 420.6 kPa
C. 37.23 ~ 402.6 kgf/cm²
D. 372.3 ~ 420.6 kPa

(2) 汽油泵直接将汽油输送到喷油器，(　　) 保证喷射压力恒定。
A. 喷油器　　　　　　　　　B. 燃油压力调节器
C. 喷油泵　　　　　　　　　D. 节气门

2. 判断题

(1) 燃油压力调节器工作不良时可对其进行维修来保证它能正常工作。　　　(　　)
(2) 在拆卸燃油系统内任何元件时，都必须首先释放燃油系统压力。　　　　(　　)
(3) 通过测试燃油系统压力，可诊断燃油系统是否有故障。　　　　　　　　(　　)

3. 简答题

燃油压力调节器的作用是什么？

(二) 技能操作

(1) 燃油系统压力的检测作业表，如表 5-3 所示。

表 5-3 燃油系统压力的检测作业表

姓名		班级		学号		组别	
车型		VIN 码		车辆当前行驶里程		购车时间	
是否正常维护保养		车辆是否出现异常状况		异常出现时间		异常出现里程数	
发动机型号		客户陈述				日期	
工具选择							
故障原因分析	（1）症状确认： （2）原因分析：						
故障诊断方法及步骤	项目检测及检测结果 （1）找到燃油压力调节器的安装位置，并简述燃油压力调节器的作用。 _____。 （2）燃油压力调节器的检查。 外观检查_____。 怠速运转状态检查_____。 （3）燃油系统压力卸压_____。 （4）燃油系统压力的检测： 怠速时燃油系统压力_____。 加速时燃油系统压力_____。 发动机熄火 10 min 后，燃油系统压力_____。 （5）燃油系统压力分析： 如果燃油系统压力高，说明_____。 如果燃油系统压力低，说明_____。 （6）燃油系统压力的预置方法： _____。						
结论							
建议处理意见							

（2）燃油系统压力的检测项目评分表，如表 5-4 所示。

表 5-4 燃油系统压力的检测项目评分表

基本信息	姓名		学号		班级		组别	
	角色	主修人员□ 辅修人员□ 工具管理□ 零件摆放□ 安全监督□ 质量检验□ 7S 监督□							
	规定时间		完成时间		考核日期		总评成绩	
考核内容	序号	步骤	完成情况		标准分	评分
			完成	未完成		
	1	考核准备： 材料： 工具： 设备： 安全防护： 劳动保护：			10	
	2	燃油压力调节器的位置和作用			5	
	3	燃油压力调节器的检查			10	
	4	燃油系统压力卸压			10	
	5	燃油系统压力检测			20	
	6	燃油压力分析			10	
	7	燃油系统压力预置			10	
7S 管理：整理、整顿、清扫、清洁、素养、安全、节约					10	
团队协作					5	
沟通表达					5	
工单填写					5	
教师评语						

任务 5.3　喷油器的检修

（一）理论测试

1. 选择题

(1) 电控汽油喷射系统的工作过程是对（　　）的控制过程。
A. 喷油时间　　　　　　　　　B. 喷油压力
C. 进气量　　　　　　　　　　D. 功率

(2) 对喷油量起决定性作用的是（　　）。
A. 空气流量传感器　　　　　　B. 水温传感器
C. 氧传感器　　　　　　　　　D. 爆震传感器

2. 判断题

(1) 电流驱动方式只适用于低阻值喷油器。　　　　　　　　　　　　（　　）
(2) MPI 为多点喷射，即一个喷油器给两个以上气缸喷油。　　　　（　　）
(3) 同时喷射正时控制是指所有各缸喷油器由 ECU 控制同时喷油和停油。（　　）
(4) 发动机怠速时，用手触摸喷油器，应有振动感。　　　　　　　　（　　）

3. 填空题

(1) 发动机转速超过安全转速时，喷油器停止喷油，防止_____。
(2) 喷油器的喷油量取决于喷油器的_____、_____和_____。

4. 简答题

简述喷油器的结构和工作原理。

（二）技能操作

(1) 喷油器的检修作业表，如表 5-5 所示。

表 5-5 喷油器的检修作业表

姓名		班级		学号		组别	
车型		VIN 码		车辆当前行驶里程		购车时间	
是否正常维护保养		车辆是否出现异常状况		异常出现时间		异常出现里程数	
发动机型号		客户陈述				日期	
工具选择							
故障原因分析		(1) 症状确认： (2) 原因分析：					
故障诊断方法及步骤		任务检测及检测结果 1. 分析大众 AJR 发动机喷油器电路及控制电路 分析大众 AJR 发动机电路图，拆画并分析喷油器控制电路。 2. 喷油器就车检查 （1）听工作声音：发动机怠速运转时，用听诊器测试各缸工作声音是否正常。 如果不正常，说明＿＿＿＿＿＿＿＿＿＿＿＿＿＿＿＿＿＿＿＿＿＿＿＿＿。 （2）单缸断火法： ＿＿＿＿＿＿＿＿＿＿＿＿＿＿＿＿＿＿＿＿＿＿＿＿＿＿＿＿＿＿＿＿。 （3）测量喷油器的电阻：用万用表测量喷油器的电阻，测得电阻值是 ＿＿＿＿＿＿＿＿＿＿＿＿＿＿＿＿＿＿＿＿＿＿＿＿。 （4）试灯测试：将专用试灯接到喷油器两端，起动发动机，观察试灯是否闪烁？ 试灯闪烁说明＿＿＿＿＿＿＿＿＿＿＿＿＿＿＿＿＿＿＿＿＿＿＿＿＿。 试灯不闪烁，说明＿＿＿＿＿＿＿＿＿＿＿＿＿＿＿＿＿＿＿＿＿＿＿。 （5）画出测喷油器控制信号波形并分析波形含义。					
结论							
建议处理意见							

(2) 喷油器的检修项目评分表，如表 5-6 所示。

表 5-6 喷油器的检修项目评分表

基本信息	姓名		学号		班级		组别	
	角色	主修人员□ 辅修人员□ 工具管理□ 零件摆放□ 安全监督□ 质量检验□ 7S 监督□							
	规定时间		完成时间		考核日期		总评成绩	

	序号	步骤	完成情况		标准分	评分
			完成	未完成		
考核内容	1	考核准备： 材料： 工具： 设备： 安全防护： 劳动保护：			10	
	2	分析大众 AJR 发动机喷油器电路			10	
	3	喷油器就车检查——听工作声音			10	
	4	喷油器就车检查——单缸断火法			10	
	5	喷油器就车检查——测量喷油器的电阻			10	
	6	喷油器就车检查——试灯测试			10	
	7	喷油器就车检查——测喷油器波形			15	
7S 管理：整理、整顿、清扫、清洁、素养、安全、节约					10	
团队协作					5	
沟通表达					5	
工单填写					5	
教师评语						

任务 6.1.1　曲轴位置传感器的检修

（一）理论测试

1. 选择题

（1）甲说"曲轴位置传感器可以确认曲轴转角位置"，乙说"曲轴位置传感器可以确认发动机的转速"。谁正确？（　　）

　　A. 只有甲正确　　　　　　　　B. 只有乙正确
　　C. 两人均正确　　　　　　　　D. 两人均不正确

（2）一辆汽车的发动机装有无分电器式点火系统（DIS），若发动机不能起动，甲说"控制电脑没有收到曲轴位置传感器信号可能会引起此故障"，乙说"某个点火线圈有故障可能会引起此故障"。谁正确？（　　）

　　A. 只有甲正确　　　　　　　　B. 只有乙正确
　　C. 两人均正确　　　　　　　　D. 两人均不正确。

2. 判断题

（1）曲轴位置传感器只作为喷油正时控制的主控制信号。（　　）
（2）采用同时喷射方式的电控喷射系统，曲轴每转两圈各缸同时喷油一次。（　　）

3. 填空题

曲轴位置传感器可分为_____、_____和_____三种类型。

4. 简答题

如何检修电磁式曲轴位置传感器？

（二）技能操作

（1）曲轴位置传感器的检修作业表，如表 6-1 所示。

表 6－1 曲轴位置传感器的检修作业表

姓名		班级		学号		组别	
车型		VIN 码		车辆当前行驶里程		购车时间	
是否正常维护保养		车辆是否出现异常状况		异常出现时间		异常出现里程数	
发动机型号		客户陈述				日期	

实训目的	(1) 掌握曲轴位置传感器的作用； (2) 正确使用相应检测工具进行检测； (3) 能正确检测光电式、霍尔式、电磁式曲轴位置传感器。
工具选择	万用表、解码器、示波器、常用工具等。
注意事项	检测注意事项： ◆ 测量电阻时，点火开关置于"OFF"位置； ◆ 测量电压时，点火开关置于"ON"位置； ◆ 点火开关打开时，严禁拔插各传感器及执行器接口，以免损坏 ECU； 为了防止损坏诊断仪，在连接或断开诊断仪之前一定将点火开关旋至"LOCK（OFF）"位置。 ◆ 按照 7S 管理操作，文明生产、安全操作。
检修流程及数据记录	1. 利用故障诊断仪检查曲轴位置传感器并记录相应数据（以桑塔纳 2000AJR 发动机为例） 1）读取故障码 (1) 接故障诊断仪，按菜单引导选择对应选项，进入发动机控制单元，读取故障码。是否读取到与曲轴位置传感器相关的故障码？是□ 否□ (2) 清除故障码后，起动发动机，再次读取故障码。是否读取到与曲轴位置传感器相关的故障码？是□ 否□，故障码为_____。 (3) 若有故障码，应检查是否存在机械故障，是否存在线束断路、插接器虚接的现象？是□ 否□ (4) 请判断故障是否在曲轴位置传感器本身？是□ 否□ 2）读取数据流 在当前状态下，读取到的曲轴位置传感器的数据为_____ _____ 2. 利用万用表检查曲轴位置传感器并记录相关数据 (1) 曲轴位置传感器的安装位置：_____ _____该传感器的类型是_____，插头端子数是_____。 (2) 对于安装在曲轴附近的传感器，可以通过转动曲轴，用万用表测量其输出信号的情况，测量曲轴位置传感器电压是否正常？是□ 否□ (3) 对于安装在分电器内的电磁感应式传感器，可以将分电器拆下，用手转动分电器轴，用万用表测量其输出电压是否正常？是□ 否□ (4) 检测曲轴位置传感器搭铁是否正常？是□ 否□ (5) 检测曲轴位置传感器 1#端子至 ECU 的 67#端子之间的线路是否良好？是□ 否□，阻值为_____Ω。 (6) 检测曲轴位置传感器 2#端子至 ECU 的 63#端子之间的线路是否良好？是□ 否□，阻值为_____Ω。 (7) 检测曲轴位置传感器 3#端子至 ECU 的 56#端子之间的线路是否良好？是□ 否□，阻值为_____Ω。

续表

姓名		班级		学号		组别	
车型		VIN 码		车辆当前行驶里程		购车时间	
是否正常维护保养		车辆是否出现异常状况		异常出现时间		异常出现里程数	
发动机型号		客户陈述				日期	
检修流程及数据记录	\(8\)测量2#和3#端子之间的阻值为_____Ω,是否正常？是□ 否□ \(9\)测量2#或3#端子和1#端子之间的阻值为_____Ω,是否正常？是□ 否□ 3. 检查信号转子凸齿与磁头间的气隙为_____mm,是否正常？是□ 否□ 4. 利用示波器检查曲轴位置传感器并记录相关数据 （1）发动机运转时，用故障诊断仪或示波器检测2#端子和1#端子之间的波形,观察并画出输出波形为： （2）根据波形,分析该曲轴位置传感器的性能。 _____ _____ _____ （3）本次实训中存在的疑问有哪些？最大的难点是什么？ _____ _____ _____							
检查结果		检测项目		检测条件	标准值	测量值	结论
		故障码	故障记录				
		数据流	曲轴位置数据				
		电压	1#端子电压				
			2#端子电压				
			3#端子电压				
		电阻	2#—3#				
			3#—1#				
			2#—1#				
			1#—67#				
			3#—56#				
		间隙	凸齿与磁头				
检查结论							

（2）曲轴位置传感器的检修项目评分表，如表6-2所示。

表6-2 曲轴位置传感器的检修项目评分表

基本信息	姓名		学号		班级		组别	
	角色	主修人员□ 辅修人员□ 工具管理□ 零件摆放□ 安全监督□ 质量检验□ 7S监督□							
	规定时间		完成时间		考核日期		总评成绩	
考核内容	序号	步骤		完成情况		标准分	评分
				完成	未完成		
	1	考核准备： 材料： 工具： 设备： 安全防护： 劳动保护：				10	
	2	查找曲轴位置传感器安装位置				5	
	3	直观检查				10	
	4	曲轴位置传感器故障码的读取				10	
	5	曲轴位置传感器数据流的读取				10	
	6	曲轴位置传感器线路阻值检测				10	
	7	曲轴位置传感器波形检测				20	
7S管理：整理、整顿、清扫、清洁、素养、安全、节约						10	
团队协作						5	
沟通表达						5	
工单填写						5	
教师评语							

任务 6.1.2　凸轮轴位置传感器的检修

（一）理论测试

1. 判断题

光电式车速传感器与光电式凸轮轴位置传感器的工作原理不相同。　　　　（　　）

2. 选择题

甲说"凸轮轴位置传感器主要检测凸轮轴转角位置"，乙说"凸轮轴位置传感器确认可变气门正时"。谁正确？（　　）

A. 只有甲正确　　　B. 只有乙正确　　　C. 两人均正确　　　D. 两人均不正确

3. 填空题

（1）凸轮轴位置传感器作为_____控制和_____控制的主控制信号。

（2）凸轮轴位置传感器可分为_____、_____和_____三种类型。

（二）技能操作

（1）凸轮轴位置传感器的检修作业表，如表 6-3 所示。

表 6-3　凸轮轴位置传感器的检修作业表

姓名		班级		学号		组别	
车型		VIN 码		车辆当前行驶里程		购车时间	
是否正常维护保养		车辆是否出现异常状况		异常出现时间		异常出现里程数	
发动机型号		客户陈述				日期	
实训目的	（1）掌握凸轮轴位置传感器的作用； （2）正确使用相应检测工具进行检测； （3）能正确检测各种类型的凸轮轴位置传感器。						
工具选择	万用表、解码器、示波器、常用工具等。						
注意事项	检测注意事项： ◆ 测量电阻时，点火开关置于"OFF"位置； ◆ 测量电压时，点火开关置于"ON"位置； ◆ 点火开关打开时，严禁拔插各传感器及执行器接口，以免损坏 ECU； 　　为了防止损坏诊断仪，在连接或断开诊断仪之前一定将点火开关旋至"LOCK（OFF）"位置。 ◆ 按照 7S 管理操作，文明生产、安全操作。						

续表

姓名		班级		学号		组别	
车型		VIN 码		车辆当前行驶里程		购车时间	
是否正常维护保养		车辆是否出现异常状况		异常出现时间		异常出现里程数	
发动机型号		客户陈述				日期	
检修流程及数据记录	1. 利用故障诊断仪检查凸轮轴位置传感器并记录相应数据（以桑塔纳2000AJR 发动机为例） 1）读取故障码 （1）接故障诊断仪，按菜单引导选择对应选项，进入发动机控制单元，读取故障码。是否读取到与凸轮轴位置传感器相关的故障码？是□ 否□ （2）清除故障码后，起动发动机，再次读取故障码。是否读取到与凸轮轴位置传感器相关的故障码？是□ 否□，故障码为_____。 （3）若有故障码，应检查是否存在机械故障，是否存在线束断路、插接器虚接的现象？是□ 否□ （4）请判断故障是否在凸轮轴位置传感器本身？是□ 否□ 2）读取数据流 （1）在当前状态下，读取到的凸轮轴位置传感器的数据为_____ _____。 （2）用手转动分电器轴，观察读取到的凸轮轴位置传感器的数据是否有变化？是□ 否□ 2. 利用万用表检查凸轮轴位置传感器并记录相关数据 （1）凸轮轴位置传感器的安装位置：_____ 该传感器的类型是_____，插头端子数是_____。 （2）检测凸轮轴位置传感器1#与3#端子间的电压是_____V，是否正常？是□ 否□ （3）检测凸轮轴位置传感器1#端子至ECU的62#端子之间的线路是否良好？是□ 否□，阻值为_____Ω。 （4）检测凸轮轴位置传感器2#端子至ECU的76#端子之间的线路是否良好？是□ 否□，阻值为_____Ω。 （5）检测凸轮轴位置传感器3#端子至ECU的67#端子之间的线路是否良好？是□ 否□，阻值为_____Ω。 （6）测量凸轮轴位置传感器1#（ECU的62#端子）和2#（ECU的76#端子）之间的阻值为_____Ω，是否正常？是□ 否□ （7）测量凸轮轴位置传感器1#（ECU的62#端子）和3#（ECU的67#端子）之间的阻值为_____Ω，是否正常？是□ 否□ 3. 利用示波器检查凸轮轴位置传感器并记录相关数据 （1）发动机运转时，用故障诊断仪或示波器检测凸轮轴位置传感器的波形，观察并画出输出波形为：							

续表

姓名		班级		学号		组别	
车型		VIN 码		车辆当前行驶里程		购车时间	
是否正常维护保养		车辆是否出现异常状况		异常出现时间		异常出现里程数	
发动机型号		客户陈述				日期	

检修流程及数据记录	（2）根据波形，分析该凸轮轴位置传感器的性能。 _____ _____ （3）本次实训中存在的疑问有哪些？最大的难点是什么？ _____ _____ _____ _____

检查结果	检测项目		检测条件	标准值	测量值	结论
	故障码	故障记录				
	数据流	数据				
	电压	1#—3#				
		3#—1#				
		2#—1#				
	电阻	1#—62#				
		2#—76#				
		3#—67#				

检查结论	

(2) 凸轮轴位置传感器的检修项目评分表，如表 6-4 所示。

表 6-4 凸轮轴位置传感器的检修项目评分表

<table>
<tr><td rowspan="3">基本信息</td><td>姓名</td><td colspan="2"></td><td>学号</td><td colspan="2"></td><td>班级</td><td>组别</td><td></td></tr>
<tr><td>角色</td><td colspan="8">主修人员□ 辅修人员□ 工具管理□ 零件摆放□ 安全监督□ 质量检验□ 7S 监督□</td></tr>
<tr><td>规定时间</td><td colspan="2"></td><td>完成时间</td><td colspan="2"></td><td>考核日期</td><td>总评成绩</td><td></td></tr>
<tr><td rowspan="8">考核内容</td><td rowspan="2">序号</td><td colspan="3" rowspan="2">步　骤</td><td colspan="3">完成情况</td><td rowspan="2">标准分</td><td rowspan="2">评分</td></tr>
<tr><td colspan="2">完成</td><td>未完成</td></tr>
<tr><td>1</td><td colspan="3">考核准备：
材料：
工具：
设备：
安全防护：
劳动保护：</td><td colspan="2"></td><td></td><td>10</td><td></td></tr>
<tr><td>2</td><td colspan="3">查找凸轮轴位置传感器安装位置</td><td colspan="2"></td><td></td><td>5</td><td></td></tr>
<tr><td>3</td><td colspan="3">直观检查</td><td colspan="2"></td><td></td><td>10</td><td></td></tr>
<tr><td>4</td><td colspan="3">凸轮轴位置传感器故障码的读取</td><td colspan="2"></td><td></td><td>10</td><td></td></tr>
<tr><td>5</td><td colspan="3">凸轮轴位置传感器数据流的读取</td><td colspan="2"></td><td></td><td>10</td><td></td></tr>
<tr><td>6</td><td colspan="3">凸轮轴位置传感器线路阻值检测</td><td colspan="2"></td><td></td><td>10</td><td></td></tr>
<tr><td>7</td><td colspan="3">凸轮轴位置传感器波形检测</td><td colspan="2"></td><td></td><td>20</td><td></td></tr>
<tr><td colspan="4">7S 管理：
整理、整顿、清扫、清洁、素养、安全、节约</td><td colspan="4"></td><td>10</td><td></td></tr>
<tr><td colspan="4">团队协作</td><td colspan="4"></td><td>5</td><td></td></tr>
<tr><td colspan="4">沟通表达</td><td colspan="4"></td><td>5</td><td></td></tr>
<tr><td colspan="4">工单填写</td><td colspan="4"></td><td>5</td><td></td></tr>
<tr><td colspan="4">教师评语</td><td colspan="5"></td></tr>
</table>

任务 6.2　爆震传感器的检修

（一）理论测试

1. 选择题

（1）爆震一般是由于进气温度过高，点火提前角（　　）造成。
A. 过小　　　　　　B. 过大　　　　　　C. 为零　　　　　　D. 滞后

（2）检测发动机爆震最常用的方法是以下哪种？（　　）
A. 检测缸压　　　　　　　　　　B. 检测缸体震动
C. 检测发动机燃烧噪声　　　　　D. 以上三种

（3）发动机爆震传感器一般产生哪种类型的信号？（　　）
A. 以赫兹为单位的直流电　　　　B. 数字信号
C. 交流正弦波　　　　　　　　　D. 脉冲宽度

2. 简答题

如何检修爆震传感器？

（二）技能操作

（1）爆震传感器的检修作业表，如表 6-5 所示。

表 6-5　爆震传感器的检修作业表

姓名		班级		学号		组别	
车型		VIN 码		车辆当前行驶里程		购车时间	
是否正常维护保养		车辆是否出现异常状况		异常出现时间		异常出现里程数	
发动机型号		客户陈述				日期	
实训目的	（1）掌握爆震传感器的作用； （2）正确使用相应检测工具； （3）能正确检测爆震传感器。							
工具选择	万用表、解码器、示波器、常用工具等。							
注意事项	检测注意事项： ◆ 测量电阻时，点火开关置于"OFF"位置； ◆ 测量电压时，点火开关置于"ON"位置；							

续表

姓名		班级		学号		组别	
车型		VIN 码		车辆当前行驶里程		购车时间	
是否正常维护保养		车辆是否出现异常状况		异常出现时间		异常出现里程数	
发动机型号		客户陈述				日期	
注意事项	◆ 点火开关打开时,严禁拔插各传感器及执行器接口,以免损坏 ECU;为了防止损坏诊断仪,在连接或断开诊断仪之前一定将点火开关旋至"LOCK(OFF)"位置。 ◆按照 7S 管理操作,文明生产、安全操作。						
检修流程及数据记录	1. 利用故障诊断仪检查爆震传感器并记录相应数据(以丰田卡罗拉发动机为例) 1)读取故障码 (1)接故障诊断仪,按菜单引导选择对应选项,进入发动机控制单元,读取故障码。是否读取到与爆震传感器相关的故障码?是□ 否□ (2)清除故障码后,起动发动机,再次读取故障码。是否读取到与爆震传感器相关的故障码?是□ 否□,故障码为_____。 (3)若有故障码,应检查是否存在机械故障,是否存在线束断路、插接器虚接的现象?是□ 否□ (4)请判断故障是否在爆震传感器本身?是□ 否□ 2)读取数据流 发动机在当前工作状态时,读取到的爆震传感器的数据为_____ _____。 2. 利用万用表检查爆震传感器并记录相关数据 (1)爆震传感器的安装位置:_____ 该爆震传感器的类型是_____,插头端子数是_____。 (2)在发动机暖机后,转速保持 4 000 r/min,爆震传感器输出信号电压应为____V,是否正常?是□ 否□ 若爆震传感器电压低于 0.5 V,则说明_____ _____;若电压高于 4.5V,则说明_____。 (3)在环境温度为 20 ℃时,检测爆震传感器的阻值为____Ω,并判断是否正常?是□ 否□ (4)检测爆震传感器的电源电压为____V,并判断其是否正常?是□ 否□ (5)将点火开关置于"OFF"位置,脱开爆震传感器的线束插接器,检测传感器插接头 1#和电脑端子之间的电阻为____Ω,并判断其是否正常?是□ 否□ (6)将点火开关置于"OFF"位置,脱开爆震传感器的线束插接器,检测传感器插接头 2#和电脑端子之间的电阻为____Ω,并判断其是否正常?是□ 否□ (7)将点火开关置于"OFF"位置,脱开 ECM 及爆震传感器的线束插接器,任意端子与车身搭铁之间的阻值为____Ω,并判断其是否正常?是□ 否□ 3. 用相应工具检测该爆震传感器的拧紧力矩为____N·m,并判断其是否正常?是□ 否□ 4. 利用示波器检查爆震传感器并记录相关数据 (1)发动机当前状态运转时,观察并画出爆震传感器输出波形为:						

续表

姓名		班级		学号		组别	
车型		VIN码		车辆当前行驶里程		购车时间	
是否正常维护保养		车辆是否出现异常状况		异常出现时间		异常出现里程数	
发动机型号		客户陈述				日期	

检修流程及数据记录	（2）发动机暖机后保持 4 000 r/min 的转速，观察并画出爆震传感器输出的波形： （3）根据波形，分析该爆震传感器的性能。 _____ _____ （4）本次实训中存在的疑问有哪些？最大的难点是什么？ _____ _____ _____

检查结果	检测项目		检测条件	标准值	测量值	结论
	故障码	故障记录				
	数据流	爆震数据				
	电压	信号电压				
	电阻	1#—ECU				
		2#—ECU				
		1#—2#				
		1#—搭铁				
		2#—搭铁				
	力矩	拧紧力矩				

检查结论	

(2) 爆震传感器的检修项目评分表,如表6-6所示。

表6-6 爆震传感器的检修项目评分表

基本信息	姓名		学号		班级		组别	
	角色	主修人员□ 辅修人员□ 工具管理□ 零件摆放□ 安全监督□ 质量检验□ 7S监督□							
	规定时间		完成时间		考核日期		总评成绩	

考核内容	序号	步骤	完成情况		标准分	评分
			完成	未完成		
	1	考核准备: 材料: 工具: 设备: 安全防护: 劳动保护:			10	
	2	查找安装位置			5	
	3	确定拧紧力矩			5	
	4	故障码的读取			10	
	5	爆震数据流的读取			10	
	6	信号电阻、电压的检测			15	
	7	波形检测			20	

7S管理: 整理、整顿、清扫、清洁、素养、安全、节约			10	
团队协作			5	
沟通表达			5	
工单填写			5	
教师评语				

任务 6.3　点火波形检测及点火正时的调整

（一）理论测试

1. 选择题

（1）甲说"发动机管理系统控制燃油喷射"，乙说"发动机管理系统控制点火系统"。谁正确？（　　）

　　A. 只有甲正确　　　B. 只有乙正确　　　C. 两人均正确　　　D. 两人均不正确

（2）北京现代 SONATA 热车熄火，甲说"要检查进气系统"，乙说"要检查点火系统"。谁正确？（　　）

　　A. 只有甲正确　　　B. 只有乙正确　　　C. 两人均正确　　　D. 两人均不正确

2. 判断题

（1）最佳点火提前角可以大大提高发动机的动力性、燃油经济性和排放性。（　　）

（2）在点火开关关闭时，ECU 也需要供电，以保存相应的车辆参数。（　　）

3. 填空题

（1）电控点火装置闭环控制方式通过_____进行反馈控制，其点火时刻的控制精度比开环高。

（2）点火装置的控制主要包括_____、_____及_____三个方面。

（3）电控点火控制包括点火时间、通电时间控制和_____。

4. 简答题

（1）点火提前有哪些影响因素？

（2）汽油机点火系统诊断参数有哪些？

（3）汽油机电子点火系统中的点火线圈的主要故障有哪些？

（4）电子点火系统和微机控制点火系统常见故障有哪些？

（二）技能操作

（1）点火波形检测及点火正时的调整作业表，如表6-7所示。

表6-7 点火波形检测及点火正时的调整作业表

姓名		班级		学号		组别	
车型		VIN码		车辆当前行驶里程		购车时间	
是否正常维护保养		车辆是否出现异常状况		异常出现时间		异常出现里程数	
发动机型号		客户陈述				日期	
实训目的	（1）正确使用相应检测工具； （2）能正确检测点火波形； （3）能正确对点火正时进行调整。							
工具选择	万用表、故障诊断仪、点火正时灯、常用工具等。							
注意事项	检测注意事项： ◆ 测量电阻时，点火开关置于"OFF"位置； ◆ 测量电压时，点火开关置于"ON"位置； ◆ 点火开关打开时，严禁拔插各传感器及执行器接口，以免损坏ECU； 为了防止损坏诊断仪，在连接或断开诊断仪之前一定将点火开关旋至"LOCK（OFF）"位置。 ◆ 按照7S管理操作，文明生产、安全操作。							
检修流程及数据记录	1. 利用故障诊断仪检查点火波形以及点火正时并记录相应数据（以桑塔纳2000AJR发动机为例）读取故障码 （1）接故障诊断仪，按菜单引导选择对应选项，进入发动机控制单元，读取故障码。是否读取到与点火波形或点火正时相关的故障码？是□ 否□ （2）清除故障码后，起动发动机，再次读取故障码。是否读取到与点火波形或点火正时相关的故障码？是□ 否□，故障码为_____。 （3）若有故障码，应检查是否存在机械故障？是□ 否□ 2. 利用故障诊断仪检测点火波形并记录相关数据 （1）通常点火波形的检测方法有初级电压波形检测和次级电压波形检测两种，我们选择_____检测方法，利用KT600故障诊断仪对该发动机进行检测。 （2）将故障诊断仪感性感应夹一端接KT600的CH5/（CH3）端口，信号夹夹住发动机_____，注意查看信号夹上有"此面朝向火花塞"，不要夹反；容性感应夹一端接CH1端口，然后用其中的一个夹子夹住高压总线。 （3）观察该点火系统的输出波形，并画出。 （4）将该输出波形与标准波形进行比较并判断其是否正常？是□ 否□							

续表

姓名		班级		学号		组别	
车型		VIN 码		车辆当前行驶里程		购车时间	
是否正常维护保养		车辆是否出现异常状况		异常出现时间		异常出现里程数	
发动机型号		客户陈述				日期	

检修流程及数据记录	(5) 根据波形,分析该点火系统的性能。 _____ _____ 3. 利用相关仪器工具对该发动机的点火正时进行调整并记录相关数据 (1) 起动发动机,使冷却液温度上升到 80 ℃,初步判断发动机工作是否正常? 是□ 否□,急加速时如转速不能随之立即增高,感到发闷,或在排气管中有"突突"声,说明_____;如出现类似金属敲击声,说明_____。 (2) 将点火正时仪正确连接到发动机上,拔下真空调节装置的真空软管,起动发动机,使机油温度升至 60 ℃以上。观察仪器显示的发动机转速,使其保持怠速,此时仪器显示的初始点火提前角是否正常?是□ 否□ (3) 如果用点火正时灯检查,应拆下上止点传感器,将正时灯对准飞轮罩壳观察孔,当固定标记(罩壳上)和旋转标记(飞轮上)重合时,可测提前角,此时点火提前角是_____,是否正常?是□ 否□ (4) 按照正确的步骤,装好正时传动带,起动发动机,检查点火正时。点火正时调整完毕后,再次检查点火提前角是否符合要求?是□ 否□ 若不符合要求,则需调整。顺分火头转动方向转动分电器壳,则_____;逆分火头转动方向转动分电器壳,则_____。 4. 本次实训中存在的疑问和最大的难点 _____ _____ _____
检查结果	<table><tr><th>故障现象</th><th>故障分析</th><th>故障诊断步骤</th><th>故障排除方法</th><th>故障排除验证</th></tr><tr><td></td><td></td><td></td><td></td><td></td></tr><tr><td></td><td></td><td></td><td></td><td></td></tr><tr><td></td><td></td><td></td><td></td><td></td></tr><tr><td></td><td></td><td></td><td></td><td></td></tr><tr><td></td><td></td><td></td><td></td><td></td></tr><tr><td></td><td></td><td></td><td></td><td></td></tr><tr><td></td><td></td><td></td><td></td><td></td></tr></table>
检查结论	

(2) 点火波形检测及点火正时的调整项目评分表，如表6-8所示。

表6-8 点火波形检测及点火正时的调整项目评分表

基本信息	姓名		学号		班级		组别	
	角色	主修人员□ 辅修人员□ 工具管理□ 零件摆放□ 安全监督□ 质量检验□ 7S监督□						
	规定时间		完成时间		考核日期		总评成绩	
考核内容	序号	步骤		完成情况		标准分	评分
				完成	未完成		
	1	考核准备： 材料： 工具： 设备： 安全防护： 劳动保护：				10	
	2	点火系统故障码的读取				20	
	3	点火波形的检测				15	
	4	点火性能分析				10	
	5	点火正时调整				20	
7S管理： 整理、整顿、清扫、清洁、素养、安全、节约							10	
团队协作							5	
沟通表达							5	
工单填写							5	
教师评语								

任务6.4 微机控制点火系统的检修

(一) 理论测试

1. 选择题

(1) 电子控制点火系统由（　　）直接驱动点火线圈进行点火。
A. ECU　　　　B. 点火控制器　　　C. 分电器　　　D. 转速信号

(2) 采用电控点火系统时，发动机实际点火提前角与理想点火提前角的关系为（　　）。
A. 大于　　　　B. 等于　　　　C. 小于　　　　D. 接近于

2. 判断题

(1) 发动机起动时，按ECU内存储的初始点火提前角对点火提前角进行控制。（　　）

(2) 发动机冷车起动后的暖机过程中，随冷却水温的提高，点火提前角也应适当地加大。（　　）

3. 填空题

微机控制点火系统主要由＿＿＿＿＿、＿＿＿＿＿、执行器组成。

4. 简答题

电子点火系统和微机控制点火系统常见故障有哪些？

(二) 技能操作

(1) 微机控制点火系统的检修作业表，如表6-9所示。

表6-9 微机控制点火系统的检修作业表

姓名		班级		学号		组别	
车型		VIN码		车辆当前行驶里程		购车时间	
是否正常维护保养		车辆是否出现异常状况		异常出现时间		异常出现里程数	
发动机型号		客户陈述				日期	
实训目的	(1) 掌握微机控制点火系统的工作过程； (2) 正确使用相应检测工具； (3) 能正确检测微机控制点火系统。						

续表

姓名		班级		学号		组别	
车型		VIN 码		车辆当前行驶里程		购车时间	
是否正常维护保养		车辆是否出现异常状况		异常出现时间		异常出现里程数	
发动机型号		客户陈述				日期	
工具选择	万用表、解码器、试灯、常用工具等。							
注意事项	检测注意事项： ◆ 测量电阻时，点火开关置于"OFF"位置； ◆ 测量电压时，点火开关置于"ON"位置； ◆ 点火开关打开时，严禁拔插各传感器及执行器接口，以免损坏 ECU； 为了防止损坏诊断仪，在连接或断开诊断仪之前一定将点火开关旋至"LOCK（OFF）"位置。 ◆ 按照 7S 管理操作、文明生产、安全操作。							
检修流程及数据记录	1. 利用故障诊断仪检查微机控制点火系统并记录相应数据（以桑塔纳 2000AJR 发动机为例）读取故障码 （1）接故障诊断仪，按菜单引导选择对应选项，进入发动机控制单元，读取故障码。是否读取到与微机控制点火系统相关的故障码？是□ 否□ （2）清除故障码后，起动发动机，再次读取故障码。是否读取到与微机控制点火系统相关的故障码？是□ 否□，故障码为_____。 （3）若有故障码，应检查是否存在机械故障？是□ 否□ 2. 检查微机控制点火系统并记录相关数据 （1）首先判断该微机控制点火系统的故障点，是点火模组的故障还是 ECU 和传感器的故障？ 自制一个二极管试灯，串一个 330 Ω 的电阻，点火开关置于"OFF"位置后，拔下点火模组的电气插头，当发动车时分别用二极管试灯测 71#、1#和 78#、3#间是否有脉冲电压？是□ 否□ 若试灯_____，说明 ECU 和传感器是完好的，故障在点火模组或继电器和熔丝；若试灯_____，说明是 ECU 和传感器的故障。 （2）检查点火模组电源和搭铁是否正常？是□ 否□ （3）检查相应传感器是否正常？是□ 否□ 具体检查步骤为： (1) 检查分电器转子与线圈之间的间隙，为_____mm，是否正常？是□ 否□ (2) 用棉丝擦掉传感器线圈上的铁粉。 (3) 线圈阻值 G1—G₀、G2—G 之间为_____Ω，N—G₀ 之间为_____Ω，是否正常？是□ 否□ (4) 检查齿盘是否缺齿？是□ 否□ (5) 检查点火器和点火线圈。 ①点火器的所有线中是否有一个是 12 V 电压，一个是搭铁？是□ 否□ ②用一个二极管接到点火线圈之间线上，起动发动机时试灯应闪亮。 ③拔下点火线圈的电气插头，当点火开关处于"ON"位置时，其中有一个应是_____V 电压，若无此电压，需根据电路图检查继电器和熔丝。 ④测点火线圈的阻值，初级电阻为_____Ω，次级电阻为_____Ω，是否正常？是□ 否□							

续表

姓名		班级		学号		组别	
车型		VIN 码		车辆当前行驶里程		购车时间	
是否正常维护保养		车辆是否出现异常状况		异常出现时间		异常出现里程数	
发动机型号		客户陈述				日期	

检修流程及数据记录	(6) 检查继电器是否正常？是□ 否□ (7) 检查熔丝是否正常？是□ 否□ (8) 检查 ECU 是否正常？是□ 否□ 3. 本次实训中存在的疑问和最大的难点

检查结果	检测项目		检测条件	标准值	测量值	结论
	故障码	故障记录				
	电压	点火器电压				
	电阻	初级电阻				
		次级电阻				
		传感器电阻				
	间隙	转子线圈间隙				
	其他	试灯				
		齿盘				
		铁粉				

检查结论	

(2) 微机控制点火系统的检修作业评分表，如表6-10所示。

表6-10 微机控制点火系统的检修作业评分表

<table>
<tr><td rowspan="3">基本信息</td><td>姓名</td><td colspan="2"></td><td>学号</td><td colspan="2"></td><td>班级</td><td></td><td>组别</td><td></td></tr>
<tr><td>角色</td><td colspan="9">主修人员□ 辅修人员□ 工具管理□ 零件摆放□ 安全监督□ 质量检验□ 7S监督□</td></tr>
<tr><td>规定时间</td><td colspan="2"></td><td>完成时间</td><td colspan="2"></td><td>考核日期</td><td></td><td>总评成绩</td><td></td></tr>
<tr><td rowspan="10">考核内容</td><td rowspan="2">序号</td><td colspan="3" rowspan="2">步　　骤</td><td colspan="4">完成情况</td><td rowspan="2" colspan="2">标准分</td><td rowspan="2">评分</td></tr>
<tr><td colspan="2">完成</td><td colspan="2">未完成</td></tr>
<tr><td>1</td><td colspan="3">考核准备：
材料：
工具：
设备：
安全防护：
劳动保护：</td><td colspan="4"></td><td colspan="2">10</td><td></td></tr>
<tr><td>2</td><td colspan="3">微机控制点火系统故障码的读取</td><td colspan="4"></td><td colspan="2">10</td><td></td></tr>
<tr><td>3</td><td colspan="3">微机控制故障点的确定</td><td colspan="4"></td><td colspan="2">10</td><td></td></tr>
<tr><td>4</td><td colspan="3">检查点火模组电源和搭铁</td><td colspan="4"></td><td colspan="2">10</td><td></td></tr>
<tr><td>5</td><td colspan="3">检查齿盘是否缺齿</td><td colspan="4"></td><td colspan="2">5</td><td></td></tr>
<tr><td>6</td><td colspan="3">检查点火器和点火线圈</td><td colspan="4"></td><td colspan="2">15</td><td></td></tr>
<tr><td>7</td><td colspan="3">检查继电器是否正常</td><td colspan="4"></td><td colspan="2">5</td><td></td></tr>
<tr><td>8</td><td colspan="3">检查熔丝是否正常</td><td colspan="4"></td><td colspan="2">5</td><td></td></tr>
<tr><td>9</td><td colspan="3">检查ECU是否正常</td><td colspan="4"></td><td colspan="2">5</td><td></td></tr>
<tr><td colspan="5">7S管理：
整理、整顿、清扫、清洁、素养、安全、节约</td><td colspan="4"></td><td colspan="2">10</td><td></td></tr>
<tr><td colspan="5">团队协作</td><td colspan="4"></td><td colspan="2">5</td><td></td></tr>
<tr><td colspan="5">沟通表达</td><td colspan="4"></td><td colspan="2">5</td><td></td></tr>
<tr><td colspan="5">工单填写</td><td colspan="4"></td><td colspan="2">5</td><td></td></tr>
<tr><td colspan="5">教师评语</td><td colspan="6"></td></tr>
</table>

任务 7.1　三元催化转换器的检修

（一）理论测试

1. 选择题

（1）三元催化转化器安装在汽车的（　　）系统内。
  A. 进气　　　　　B. 排气　　　　　C. 起动　　　　　D. 安全

（2）当汽车废气经过三元催化转换器时，下列金属中，能促使 HC 和 CO 氧化成水蒸气和二氧化碳的催化剂是（　　）。
  A. 铂　　　　　　B. 铑　　　　　　C. 锌　　　　　　D. 锡

（3）当汽车废气经过三元催化转换器时，下列金属中，能促使氮氧化物还原为氮气和氧气的催化剂是（　　）。
  A. 铂　　　　　　B. 铑　　　　　　C. 锌　　　　　　D. 锡

（4）带有氧传感器的三元催化转换器，最初是由（　　）开发出来的。
  A. 卡尔·本次　　　　　　　　B. 法拉利
  C. 兰博基尼　　　　　　　　　D. 斯蒂芬·沃尔曼

2. 判断题

（1）含铅汽油对三元催化转换器没有影响。　　　　　　　　　　　　　　（　　）
（2）三元催化转换器的核心部分是催化剂。　　　　　　　　　　　　　　（　　）
（3）三元催化转换器要进行完全催化反应时，氧传感器必须正常工作。　　（　　）

3. 填空题

（1）汽车发动机排放的主要三种有害气体是_____、_____、_____。
（2）汽车常用的排放控制系统主要由_____、_____、_____、_____组成。
（3）根据控制的方式不同，汽车排放控制系统可以分为_____、_____、_____三类。
（4）三元催化转换器由一个_____、一个_____和一个_____组成。

4. 简答题

（1）简述三元催化转换器的工作原理。

（2）简述三元催化转换器在使用时的注意事项。

(二) 技能操作

(1) 三元催化转换器的检修作业表，如表 7-1 所示。

表 7-1 三元催化转换器的检修作业表

姓名		班级		学号		组别	
车型		VIN 码		车辆当前行驶里程		购车时间	
是否正常维护保养		车辆是否出现异常状况		异常出现时间		异常出现里程数	
发动机型号		客户陈述				日期	
故障原因分析		(1) 症状确认： (2) 原因分析：					
故障诊断方法及步骤		检查项目及检测结果					
		(1) 利用红外测温仪测量三元催化转换器进、出口的温度，根据其温差的大小，即可判断三元催化转换器是否堵塞，正常工作的三元催化转换器，由于其内在陶瓷载体要进行氧化反应，会产生大量的热量，因此其出口温度应至少高于进口温度 20%～30%。如果进口温度大于上述值，则说明三元催化转换器工作不正常；三元催化转换器堵塞越严重，那么出口温度越低。					
		(2) 利用尾气分析仪检测节气门附近 HC 浓度的方法判断三元催化转换器是否堵塞。正常工作情况下，发动机进气、压缩、燃烧、排气。进气管节气门附近是不应该有 HC 的，但是，如果三元催化转换器堵塞，排气受阻，在进排气门重叠开启时，气缸中的可燃混合气便会返回进气管。所以利用尾气分析仪通过节气门附近的真空管接头便可以检测 HC。一旦检测到 HC，便说明排气不畅通。					
		(3) 利用真空表检测进气真空度的方法判断三元催化转换器是否堵塞。如果排气受阻，会导致进气不畅通，因此进气的真空度比正常情况下要小（绝对压力高）。所以通过真空表检测进气歧管真空度可以判断三元催化转换器是否堵塞。					
		(4) 利用背表测量排气背压的方法判断三元催化转换器是否堵塞。正常情况下排气背压：发动机怠速时基本无压力，转速为 2 000 r/min 时应小于 8.23 kPa。如果过高便说明排气不畅。					
检查结论							
建议解决故障方法							
总结故障诊断流程							

(2) 三元催化转换器的检修项目评分表，如表 7-2 所示

表 7-2 三元催化转换器的检修项目评分表

基本信息	姓名		学号		班级		组别	
	角色	主修人员□ 辅修人员□ 工具管理□ 零件摆放□ 安全监督□ 质量检验□ 7S监督□						
	规定时间		完成时间		考核日期		总评成绩	

考核内容	序号	步骤	完成情况		标准分	评分
			完成	未完成		
	1	考核准备： 材料： 工具： 设备： 安全防护： 劳动保护：			10	
	2	直观检查			5	
	3	用红外测温仪测量三元催化转换器进、出口的温度			15	
	4	用尾气分析仪检测节气门附近HC浓度			15	
	5	用真空表检测进气真空度			15	
	6	用背表测量排气背压			15	
7S管理：整理、整顿、清扫、清洁、素养、安全、节约					10	
团队协作					5	
沟通表达					5	
工单填写					5	
教师评语						

任务 7.2　废气再循环控制系统的检修

（一）理论测试

1. 选择题

（1）发动机废气再循环控制系统主要是靠（　　）来控制 NO_x 的生成。
A. 增大燃烧室的燃气压力　　　　B. 降低燃烧室的燃气压力
C. 增大燃烧室的燃气温度　　　　D. 降低燃烧室的燃气温度

（2）步进电机控制的废气再循环（　　）。
A. 通过直接的电气操作，可以精确地计量再循环的废气量
B. 通过一个单独的控制模块，以脉冲信号的方式进行系统操作
C. 利用压差传感器，在闭环状态下工作
D. 通过来自 PCM 的经过脉冲宽度调制的脉冲信号进行系统操作

（3）废气再循环的缩写为（　　）
A. EGR　　　　B. DOC　　　　C. DPF　　　　D. SCR

（4）废气再循环量取决于（　　）。
A. EGR 阀开度　　B. 水温高低　　C. 喷油量　　D. 进气量

2. 判断题

（1）机械控制式 EGR 系统工作原理是通过真空度和排气背压来控制 EGR 阀的开闭。（　　）

（2）直接控制式 EGR 系统的 EGR 阀直接安装在进气道上，所以这种形式的 EGR 系统也叫进气道废气再循环系统。（　　）

（3）开环控制式 EGR 系统中，它只有 PCM 的控制信号，不用反馈信号。（　　）

3. 填空题

废气再循环的主要目的是_____。

4. 识图题

写出图 7-1 中各部分名称。

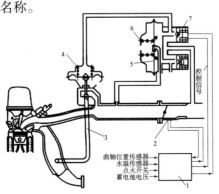

图 7-1　废气再循环控制系统

5. 简答题

（1）试述废气再循环技术的原理及控制方法和使用应注意的问题。

（2）简述车用 EGR 系统的作用。

（二）技能操作

（1）废气再循环控制系统的检修作业表，如表 7-3 所示。

表 7-3 废气再循环控制系统的检修作业表

姓名		班级		学号		组别	
车型		VIN 码		车辆当前行驶里程		购车时间	
是否正常维护保养		车辆是否出现异常状况		异常出现时间		异常出现里程数	
发动机型号		客户陈述				日期	
故障原因分析		（1）症状确认： （2）原因分析：					
		检查项目及检测结果					
故障诊断方法及步骤		1. 废气再循环控制系统结构原理操作 （1）连接试验台电源和网络接口。 （2）打开右侧电源开关，用钥匙开启点火开关，此时发动机电脑开始工作，真空泵提供新鲜压缩空气，EGR 阀即开始工作。 （3）通过调节旋钮调整三个参数的大小，观察 EGR 阀的工作情况。当听到 EGR 阀工作声音稳定，无较大波动时说明 EGR 阀正常工作；当听到 EGR 阀工作的声音变化极不稳定或抖动时说明 EGR 阀不正常或停止工作。 （4）通过观察真空压力表，判断 EGR 阀的工作情况。当压力表有读数时（非零），说明 EGR 阀正在工作；反之，停止工作。					

续表

姓名		班级		学号		组别	
车型		VIN 码		车辆当前行驶里程		购车时间	
是否正常维护保养		车辆是否出现异常状况		异常出现时间		异常出现里程数	
发动机型号		客户陈述				日期	

故障诊断方法及步骤	（5）试验台右侧的3个开关分别为进气压力、冷却液温度和发动机转速模拟开关，拨动开关可以打开或关闭进气压力、冷却液温度和发动机转速的输入。 （6）开关左侧的插孔为测试插孔，用万用表的正极插入插孔，负极插入ECM下方的插孔（接地），将万用表打到直流电压挡，可以测出电压读数与表盘上显示的电压基本相同。 （7）发动机转速调节旋钮左侧插孔是脉宽信号发生器测量插孔。连接示波器，将正极接插插孔，负极接地，观察示波器波形，为脉宽信号。信号大小（电压）与发动机转速相对应。 2. 废气再循环控制系统性能测试 （1）将汽车数据采集器连接电脑。 将GND和汽车数据采集器的GND孔相连，将黄色孔（脉宽信号发生器）与汽车数据采集器的AD1孔相连，将绿色孔（水温电压模拟）与汽车数据采集器的AD2孔相连，将蓝色孔（进气压力模拟）与汽车数据采集器的AD3孔相连，将EGR阀电压（绿色孔）与汽车数据采集器的AD4孔相连。 （2）拧开点火钥匙，发动汽车。 （3）启动软件，开始测试。 ①固定水温及进气压力，调节发动机转速信号，观察EGR阀工作状况； ②固定进气压力及转速，调节水温信号，观察EGR阀工作状况； ③固定发动机转速及水温，调节进气压力信号，观察EGR阀工作状况； ④在上述三种情况下可由软件看到实时工作情况，单击"记录数据"按钮，保存测试数据； ⑤完成实验数据处理。
检查结论	
建议解决故障方法	
总结故障诊断流程	

（2）废气再循环控制系统的检修项目评分表，如表7-4所示。

表7-4 废气再循环控制系统的检修项目评分表

<table>
<tr><td rowspan="3">基本信息</td><td>姓名</td><td colspan="2"></td><td>学号</td><td colspan="2"></td><td>班级</td><td>组别</td><td></td></tr>
<tr><td>角色</td><td colspan="7">主修人员□ 辅修人员□ 工具管理□ 零件摆放□ 安全监督□ 质量检验□ 7S监督□</td></tr>
<tr><td>规定时间</td><td colspan="2"></td><td>完成时间</td><td colspan="2"></td><td>考核日期</td><td>总评成绩</td><td></td></tr>
<tr><td rowspan="8">考核内容</td><td rowspan="2">序号</td><td colspan="3" rowspan="2">步骤</td><td colspan="3">完成情况</td><td rowspan="2">标准分</td><td rowspan="2">评分</td></tr>
<tr><td colspan="2">完成</td><td>未完成</td></tr>
<tr><td>1</td><td colspan="3">考核准备：
材料：
工具：
设备：
安全防护：
劳动保护：</td><td colspan="2"></td><td></td><td>10</td><td></td></tr>
<tr><td>2</td><td colspan="3">直观检查</td><td colspan="2"></td><td></td><td>5</td><td></td></tr>
<tr><td>3</td><td colspan="3">用故障诊断仪读取故障码</td><td colspan="2"></td><td></td><td>15</td><td></td></tr>
<tr><td>4</td><td colspan="3">用故障诊断仪读取数据流</td><td colspan="2"></td><td></td><td>15</td><td></td></tr>
<tr><td>5</td><td colspan="3">观察判断</td><td colspan="2"></td><td></td><td>15</td><td></td></tr>
<tr><td>6</td><td colspan="3">仪器连接</td><td colspan="2"></td><td></td><td>15</td><td></td></tr>
<tr><td colspan="2">7S管理：
整理、整顿、清扫、清洁、素养、安全、节约</td><td colspan="6"></td><td>10</td><td></td></tr>
<tr><td colspan="2">团队协作</td><td colspan="6"></td><td>5</td><td></td></tr>
<tr><td colspan="2">沟通表达</td><td colspan="6"></td><td>5</td><td></td></tr>
<tr><td colspan="2">工单填写</td><td colspan="6"></td><td>5</td><td></td></tr>
<tr><td colspan="2">教师评语</td><td colspan="7"></td></tr>
</table>

任务7.3 二次空气供给系统的检修

(一) 理论测试

1. 选择题

(1) 二次空气喷射是将空气导入到（ ）。
A. 节气门　　　B. 进气歧管　　　C. 排气管　　　D. 燃烧室

(2) 关于二次空气喷射系统，以下哪项正确？（ ）
A. 降低了排气中的 CO　　　　　B. 降低了排气中的 HC
C. 以上都正确　　　　　　　　D. 以上都不正确

2. 判断题

(1) 分流阀常作为一个单独的总成用螺栓装在空气泵上，而管路则用软管与空气泵和空气喷射歧管相连。（　　）

(2) 空气喷射歧管通常是由不锈钢管焊接而成，其形状和分支数目跟发动机的结构和气缸数目没有关系。（　　）

(3) 离心式空气滤清器的滤清原理是，当叶轮高速转动时，空气中的尘粒与空气相比，质量较大，在离心力的作用下从进入到空气泵里的空气流中分离出去。（　　）

3. 填空题

(1) 空气泵型二次空气喷射系统主要由_____、_____、_____、_____等组成。

(2) 二次空气喷射系统已经被广泛地应用在汽车上，它实际上就是一种尾气排放控制实用技术，用以减少排气中的_____和_____的排放量。

4. 识图题

写出图7-2中各部分名称。

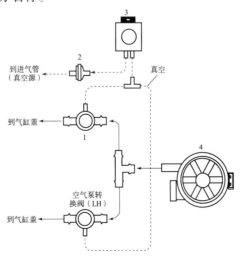

图7-2 电子二次空气喷射系统零部件

5. 简答题

（1）简述二次空气供给系统的功能。

（2）简述空气泵型二次空气供给系统的工作原理。

（二）技能操作

（1）二次空气供给系统的检修作业表，如表 7-5 所示。

表 7-5 二次空气供给系统的检修作业表

姓名		班级		学号		组别	
车型		VIN 码		车辆当前行驶里程		购车时间	
是否正常维护保养		车辆是否出现异常状况		异常出现时间		异常出现里程数	
发动机型号		客户陈述				日期	
故障原因分析		（1）症状确认： （2）原因分析：					
故障诊断方法及步骤		检查项目及检测结果					
		（1）起动发动机，检查发动机起动是否正常，怠速运转是否平稳；观察仪表，怠速转速在_____ r/min 左右；观察尾气排放情况，是否有异常现象。					
		（2）连接 V. A. G1552 故障诊断仪，读取发动机故障码，是否有故障码显示。					
		（3）进入动态测试，在读取数据流时，发现燃油修正值为_____，其他各项数值未发现异常。从燃油修正值可以看出 λ 氧传感器检测到尾气中是否有多余的氧，即空气是否过量。					
		（4）利用尾气分析仪检测尾气，尾气中的 CO 含量为_____，HC 含量为_____，氧含量为_____。尾气中 CO、HC 的含量是正常的时，但氧的含量是否超出正常值（正常值为 1%~2% 之间）。由此说明，λ 氧传感器检测到尾气中的氧是否过量，即进气量，因而提供给发动机 ECU 的信号是需要喷油量的。					
检查结论							
建议解决故障方法							
总结故障诊断流程							

（2）二次空气供给系统的检修项目评分表，如表 7-6 所示。

表 7-6 二次空气供给系统的检修项目评分表

<table>
<tr><td rowspan="3">基本信息</td><td>姓名</td><td colspan="2"></td><td>学号</td><td></td><td>班级</td><td></td><td>组别</td><td></td></tr>
<tr><td>角色</td><td colspan="8">主修人员□ 辅修人员□ 工具管理□ 零件摆放□ 安全监督□ 质量检验□ 7S 监督□</td></tr>
<tr><td>规定时间</td><td colspan="2"></td><td>完成时间</td><td></td><td>考核日期</td><td></td><td>总评成绩</td><td></td></tr>
<tr><td rowspan="8">考核内容</td><td rowspan="2">序号</td><td colspan="3" rowspan="2">步　　骤</td><td colspan="3">完成情况</td><td rowspan="2">标准分</td><td rowspan="2">评分</td></tr>
<tr><td colspan="2">完成</td><td>未完成</td></tr>
<tr><td>1</td><td colspan="3">考核准备：
材料：
工具：
设备：
安全防护：
劳动保护：</td><td colspan="2"></td><td></td><td>10</td><td></td></tr>
<tr><td>2</td><td colspan="3">直观检查</td><td colspan="2"></td><td></td><td>5</td><td></td></tr>
<tr><td>3</td><td colspan="3">用故障诊断仪读取故障码</td><td colspan="2"></td><td></td><td>15</td><td></td></tr>
<tr><td>4</td><td colspan="3">用故障诊断仪读取数据流</td><td colspan="2"></td><td></td><td>15</td><td></td></tr>
<tr><td>5</td><td colspan="3">用万用表检测氧传感器</td><td colspan="2"></td><td></td><td>15</td><td></td></tr>
<tr><td>6</td><td colspan="3">用尾气分析仪分析尾气</td><td colspan="2"></td><td></td><td>15</td><td></td></tr>
<tr><td colspan="4">7S 管理：
整理、整顿、清扫、清洁、素养、安全、节约</td><td colspan="4"></td><td>10</td><td></td></tr>
<tr><td colspan="4">团队协作</td><td colspan="4"></td><td>5</td><td></td></tr>
<tr><td colspan="4">沟通表达</td><td colspan="4"></td><td>5</td><td></td></tr>
<tr><td colspan="4">工单填写</td><td colspan="4"></td><td>5</td><td></td></tr>
<tr><td colspan="4">教师评语</td><td colspan="5"></td></tr>
</table>

任务7.4 燃油蒸发排放控制系统的检修

(一) 理论测试

1. 选择题

(1) 燃油蒸发排放控制的缩写是（　　）。
A. PVC　　　　　B. EVAP　　　　　C. TWC　　　　　D. PCV

(2) 由燃油蒸发排放控制装置控制的两个HC排放源是（　　）。
A. 燃油泵和化油器
B. 化油器和空气滤清器
C. 空气滤清器和燃油箱
D. 燃油箱和化油器

(3) 以下关于燃油蒸发排放控制系统功能的叙述哪个不正确？（　　）
A. 从燃油箱蒸发的燃油蒸气，被排出到活性炭罐
B. 当发动机在高速运动时燃油蒸气排出到大气中
C. 当发动机运动时燃油蒸气被从炭罐吸到进气歧管
D. 蒸气中的液体燃油被送回油箱

(4) 减少发动机燃烧室表面积可以（　　）。
A. 减少废气中HC含量
B. 增加废气中HC含量
C. 减少废气中NO_x的含量
D. 以上都不是

2. 判断题

(1) 汽车的污染物主要来自尾气，其次是曲轴箱泄漏和燃料供给系统中燃油的蒸发。（　　）

(2) 燃油喷射诊断系统根据结构和原理不同，现在高端车型配备的系统主要分为真空源燃油蒸发控制系统和电动叶片泵式泄漏诊断模块系统两种类型。（　　）

(3) 为了降低汽车的燃油蒸发污染，控制燃油箱逸出的燃油蒸气，电控汽油喷射发动机上普遍采用了燃油蒸发排放控制系统（EVAP），即活性炭罐清污控制系统。（　　）

3. 填空题

(1) 常见的降低汽油发动机污染排放技术有_____、_____、_____。

(2) 燃油蒸发排放控制系统是利用_____作为燃油蒸气的存储器来吸收油箱中的汽油蒸气，防止蒸气进入大气中。

4. 识图题

写出图7-3中各部分名称。

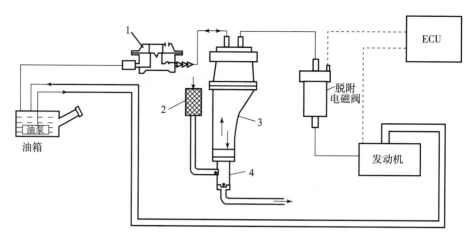

图 7-3 燃油蒸发排放控制系统

5. 简答题

（1）简述燃油蒸发排放控制系统的工作原理。

（2）简述燃油蒸发排放控制系统中炭罐的作用。

（二）技能操作

（1）燃油蒸发排放控制系统的检修作业表，如表 7-7 所示。

表 7-7 燃油蒸发排放控制系统的检修作业表

姓名		班级		学号		组别	
车型		VIN 码		车辆当前行驶里程		购车时间	
是否正常维护保养		车辆是否出现异常状况		异常出现时间		异常出现里程数	
发动机型号		客户陈述				日期	
故障原因分析		（1）症状确认： （2）原因分析：					
故障诊断方法及步骤		检查项目及检测结果					
		（1）真空控制阀的检查：拆下真空控制阀，用手动真空泵由真空管接头给真空控制阀施加约 5 kPa 真空度时，从活性炭罐侧孔吹入空气应畅通，不施加真空度时，吹入空气时则不通。					

续表

姓名		班级		学号		组别	
车型		VIN 码		车辆当前行驶里程		购车时间	
是否正常维护保养		车辆是否出现异常状况		异常出现时间		异常出现里程数	
发动机型号		客户陈述				日期	

故障诊断方法及步骤	（2）电磁阀的检查：拆开电磁阀进气管一侧的软管，用手动真空泵由软管接头给控制电磁阀施加一定的真空度，电磁阀不通电时应能保持真空度，若接蓄电池电压，真空度应释放。测量电磁阀两端子间电阻应为_____。
	（3）活性炭罐排气阀的检查。 ①点火开关处于关闭状态时，从活性炭罐排气阀上断开插接件。 ②检查活性炭罐排气阀两插头间的电阻；活性炭罐排气阀的电阻值在 20 ℃（68 ℉）下应为_____。如果电阻在规定范围内，则进入下一步骤的检查。若不是这样，则进行更换。 ③从进气歧管及其管道上取下软管。 ④在插接件断开的情况下，向 A 管中吹气。空气不应从 B 管中出来。 ⑤将 12 V 的蓄电池接到活性炭罐排气阀插头上。在这种状态下，向 A 管吹气，空气应该从 B 管吹出。如果检查结果不是这样的，则更换活性炭罐排气阀。 ⑥将软管连接上。 ⑦将活性炭罐排气阀插接件紧紧地插入阀上。
检查结论	
建议解决故障方法	
总结故障诊断流程	

（2）燃油蒸发排放控制系统的检修项目评分表，如表7-8所示。

表7-8 燃油蒸发排放控制系统的检修项目评分表

基本信息	姓名		学号		班级		组别	
	角色	主修人员□ 辅修人员□ 工具管理□ 零件摆放□ 安全监督□ 质量检验□ 7S监督□							
	规定时间		完成时间		考核日期		总评成绩	

考核内容	序号	步骤	完成情况		标准分	评分
			完成	未完成		
	1	考核准备： 材料： 工具： 设备： 安全防护： 劳动保护：			10	
	2	直观检查			5	
	3	用故障诊断仪读取故障码			15	
	4	用故障诊断仪读取数据流			15	
	5	仪器使用			15	
	6	线路检查			15	
7S管理： 整理、整顿、 清扫、清洁、 素养、安全、 节约					10	
团队协作					5	
沟通表达					5	
工单填写					5	
教师评语						

任务8.2　常见车型故障码的调取与清除

（一）理论测试

1. 判断题

（1）电子控制系统的故障诊断应先从外部进行直观检查。　　　　　　　　　　　（　　）

（2）进行故障诊断时，应先利用故障诊断仪读取故障码。　　　　　　　　　　　（　　）

（3）故障码分析法是一种简便快捷的故障诊断方法。　　　　　　　　　　　　　（　　）

（4）自诊断系统能检测出控制系统中所有类型的故障。　　　　　　　　　　　　（　　）

（5）示波器有多个通道接口，能够同时显示多个波形。　　　　　　　　　　　　（　　）

（6）应在断开蓄电池之前读取故障码。　　　　　　　　　　　　　　　　　　　（　　）

（7）喷油器上的O形密封圈可以重复使用。　　　　　　　　　　　　　　　　　（　　）

（8）当故障码显示某个传感器有故障时，一定是这个传感器自身的故障。　　　　（　　）

（9）故障码与故障并不是明确的一一对应的关系。　　　　　　　　　　　　　　（　　）

2. 填空题

（1）现代汽车电控系统日趋复杂，针对这种情况，汽车电控技术设计人员在进行汽车电子控制系统设计的同时，增加了_____模块。

（2）维修人员可以利用汽车故障自诊断功能调出故障码，快速对故障进行_____和_____。

（3）汽车自诊断系统的功能有_____、_____、_____、_____、_____。

（4）汽车电子控制系统中，执行器是决定发动机_____和汽车_____的主要器件，当执行器发生故障时，往往会对汽车的行驶造成一定的影响。

（5）按照SAE标准，OBD-Ⅱ随车诊断系统提供统一的_____脚诊断座，安装于驾驶室仪表板下方。其中_____脚为电源输入，_____车身接地，_____信号回路接地。

（6）当汽车发生故障时，维修人员要首先向_____了解故障发生的现象、频率、近期是否进行过_____和_____，之后进行试车，判断基本故障现象，然后再用_____进行诊断。

3. 简答题

（1）简述OBD-Ⅱ的主要特点。

（2）简述丰田汽车人工读码方式。

(二) 技能操作

(1) 常见车型故障码的调取与清除作业表,如表 8-1 所示。

表 8-1 常见车型故障码的调取与清除作业表

姓名		班级		学号		组别	
车型		VIN 码		车辆当前行驶里程		购车时间	
是否正常维护保养		车辆是否出现异常状况		异常出现时间		异常出现里程数	
发动机型号		客户陈述				日期	
故障原因分析		(1) 症状确认: (2) 原因分析:					
故障诊断方法及步骤	\multicolumn{7}{l}{**检查项目及检测结果** 1. 利用故障诊断仪读取和清除故障码(大众车系) 1) 读取故障码 (1) 关闭点火开关,将故障诊断仪连接到诊断座上。 (2) 打开点火开关起动发动机,急速运行至稳定状态。 (3) 打开故障诊断仪,按照屏幕操作选择系统、车型等信息,进入故障码读取界面,进行故障码读取。故障码为_____。 2) 清除故障码 按屏幕提示操作进入清除故障码界面,清除故障码,观察故障码是否被清除? 是□ 否□ 2. 人工读取故障码(丰田车系) (1) 调码:关闭点火开关,找到故障诊断插座,将诊断座上相应端子(丰田发动机相应端子名称是 TE1 和 E1)用跨接线跨接。TE1 表示自诊断系统;E1 表示 ECU 搭铁;TE1 与 E1 相连之后是激活自诊断系统。 (2) 读码:将点火开关旋转到仪表灯全亮挡(不要起动发动机),用人工方式调码操作后,需观察仪表上故障报警灯的闪烁规律获取故障码。 (3) 故障代码显示过程。 ①故障报警灯起始、熄灭 4.5 s 后开始闪烁。 ②故障代码以两位数显示,先闪烁显示为十位数,后闪烁显示为个位数。 ③十位数和个位数之间报警灯熄灭时间为 1.5 s。 ④具有多个故障代码存在时,报警灯从小到大逐个显示。当故障代码全部显示完后,若不停止调码操作,报警灯将循环反复显示。 ⑤一个故障代码和另一个故障代码之间报警灯熄灭时间为 2.5 s。}						

续表

姓名		班级		学号		组别	
车型		VIN 码		车辆当前行驶里程		购车时间	
是否正常维护保养		车辆是否出现异常状况		异常出现时间		异常出现里程数	
发动机型号		客户陈述				日期	
故障诊断方法及步骤	⑥无故障代码（正常代码）报警灯将以 0.26 s 的时间间隔连续闪烁。读取到的故障码为_____。 （4）消码方法： ①人工方式：a. 取下跨接线或诊断接头；b. 关闭点火开关；c. 拔下 BACK 保险 30 s 以上；d. 插回保险；e. 重新调读码；f. 报警灯闪烁正常码或解码仪显示无故障码。 ②仪器方式：a. 用解码仪进行调、读码操作；b. 打印、记录显示故障码；C. 进入到消除故障码功能界面，单击"确认"按钮；d. 仪器显示故障码已消除。							
检查结论	<table><tr><td>故障码</td><td>故障内容</td><td>故障原因</td></tr><tr><td></td><td></td><td></td></tr><tr><td></td><td></td><td></td></tr><tr><td></td><td></td><td></td></tr><tr><td></td><td></td><td></td></tr><tr><td></td><td></td><td></td></tr></table>							
建议解决故障方法								
总结故障诊断流程								

（2）常见车型故障码的调取与清除项目评分表，如表8-2所示。

表8-2 常见车型故障码的调取与清除项目评分表

<table>
<tr><td rowspan="3">基本信息</td><td>姓名</td><td></td><td>学号</td><td></td><td>班级</td><td></td><td>组别</td><td></td></tr>
<tr><td>角色</td><td colspan="7">主修人员□ 辅修人员□ 工具管理□ 零件摆放□ 安全监督□ 质量检验□ 7S监督□</td></tr>
<tr><td>规定时间</td><td></td><td>完成时间</td><td></td><td>考核日期</td><td></td><td>总评成绩</td><td></td></tr>
<tr><td rowspan="8">考核内容</td><td rowspan="2">序号</td><td rowspan="2" colspan="3">步　　骤</td><td colspan="2">完成情况</td><td rowspan="2" colspan="2">标准分</td><td rowspan="2">评分</td></tr>
<tr><td>完成</td><td>未完成</td></tr>
<tr><td>1</td><td colspan="3">考核准备：
材料：
工具：
设备：
安全防护：
劳动保护：</td><td colspan="2"></td><td colspan="2">10</td><td></td></tr>
<tr><td>2</td><td colspan="3">直观检查</td><td colspan="2"></td><td colspan="2">5</td><td></td></tr>
<tr><td>3</td><td colspan="3">用故障诊断仪读取故障码</td><td colspan="2"></td><td colspan="2">15</td><td></td></tr>
<tr><td>4</td><td colspan="3">用故障诊断仪读取数据流</td><td colspan="2"></td><td colspan="2">15</td><td></td></tr>
<tr><td>5</td><td colspan="3">人工读取故障码</td><td colspan="2"></td><td colspan="2">15</td><td></td></tr>
<tr><td>6</td><td colspan="3">人工清除故障码</td><td colspan="2"></td><td colspan="2">15</td><td></td></tr>
<tr><td colspan="4">7S管理：
整理、整顿、清扫、清洁、素养、安全、节约</td><td colspan="2"></td><td colspan="2">10</td><td></td></tr>
<tr><td colspan="4">团队协作</td><td colspan="2"></td><td colspan="2">5</td><td></td></tr>
<tr><td colspan="4">沟通表达</td><td colspan="2"></td><td colspan="2">5</td><td></td></tr>
<tr><td colspan="4">工单填写</td><td colspan="2"></td><td colspan="2">5</td><td></td></tr>
<tr><td colspan="4">教师评语</td><td colspan="5"></td></tr>
</table>

任务 8.3　发动机常见故障诊断

（一）理论测试

1. 判断题

（1）造成冷起动困难的基本原因是混合气浓度不够、火花塞跳火弱、气缸压力偏低及汽油雾化不良等。　　　　　　　　　　　　　　　　　　　　　　　　（　　）

（2）如果混合气过稀，混合气的燃烧速度下降，燃烧火焰会延续到下一次进气门打开，使进气歧管内的可燃混合气燃烧，造成进气管内有回火现象。　　（　　）

（3）当可燃混合气的浓度过高或点火过迟时，混合气在做功行程未燃烧彻底，进入排气管后继续燃烧，会使得发动机冷起动困难。　　　　　　　　　（　　）

（4）怠速不稳与冷却液温度传感器无关。　　　　　　　　　　　　（　　）

2. 填空题

（1）当汽车发生故障时，维修人员要首先向车主了解故障发生的_____、_____、近期是否进行过维修和_____，之后进行_____，判断基本故障现象，然后再用诊断仪器进行诊断。

（2）电子控制系统引起发动机不能起动的基本原因有_____、_____或_____。

（3）电子控制系统引起发动机动力不足的基本原因是_____、_____或_____等。

（4）电子控制系统引起发动机耗油量过大的基本原因多数情况是由于_____、缺火和喷油量不足或_____造成。

3. 简答题

（1）发动机怠速不稳的主要故障原因有哪些？

（2）电控系统引起的发动机油耗过大的主要原因有哪些？

（二）技能操作

（1）发动机常见故障诊断作业表，如表 8-3 所示。

表 8-3 发动机常见故障诊断作业表

姓名		班级		学号		组别	
车型		VIN 码		车辆当前行驶里程		购车时间	
是否正常维护保养		车辆是否出现异常状况		异常出现时间		异常出现里程数	
发动机型号		客户陈述				日期	
故障原因分析		（1）症状确认： （2）原因分析：					
故障诊断方法及步骤		检查项目及检测结果					
		1. 桑塔纳 2000 大众时代超人发动机不能起动故障诊断与排除 （1）起动发动机试车，发现起动机运转但是发动机不起动，使用故障诊断仪读取故障码，故障码为_____。 （2）检查各缸点火，1 缸跳火_____（是/否）正常；2 缸跳火_____（是/否）正常；3 缸跳火_____（是/否）正常；4 缸跳火_____（是/否）正常；不正常时可检查火花塞及其点火控制电路。 （3）检查燃油供给系统，连接燃油压力表，起动发动机时燃油压力为_____Pa。如不正常可检查喷油器及喷油控制电路。 （4）若点火、燃油系统均正常，判断为电控单元损坏或锁止，电控单元锁止条件一般为发动机防盗系统工作，发动机 ECU 电源不正常，曲轴位置传感器无输出信号，变速器挡位不在 N/P 挡（装配自动变速器汽车），因此需根据实际情况判断故障位置。 2. 丰田 8A-EF 发动机怠速严重抖动故障诊断与排除 （1）起动发动机试车，发现怠速不稳甚至熄火，使用故障诊断仪读取故障码，故障码为_____。 （2）利用单缸断火法检测各缸工作状态，1 缸_____（是/否）正常；2 缸_____（是/否）正常；3 缸_____（是/否）正常；4 缸_____（是/否）正常；不正常时可检查点火、喷油元件及控制电路。 （3）检查怠速控制阀及其电路是否正常，ISC 阀 B1 端子电压为_____V，B2 搭铁_____（是/否）良好，检查各端子电阻值为_____。检查 ISC 阀阀芯动作是否良好。 （4）检查空气流量计及其控制电路。 （5）检查氧传感器及其控制电路。						

续表

姓名		班级		学号		组别	
车型		VIN 码		车辆当前行驶里程		购车时间	
是否正常维护保养		车辆是否出现异常状况		异常出现时间		异常出现里程数	
发动机型号		客户陈述				日期	

检查结论		检测项目	检测条件	标准值	测量值	结论
	故障码	故障记录				
	检查各缸点火	1 缸				
		2 缸				
		3 缸				
		4 缸				
	检查燃油系统	燃油压力				
	检查电控单元锁止条件	防盗系统				
		电源				
		曲轴位置传感器				
		变速器挡位				
	故障码	故障记录				
	检查各缸点火	1 缸				
		2 缸				
		3 缸				
		4 缸				
	怠速控制阀	B1 电压				
		B2 搭铁				
		各端子短路				
		各端子断路				

建议解决故障方法	
总结故障诊断流程	

(2) 发动机常见故障诊断项目评分表，如表8-4所示。

表8-4 发动机常见故障诊断项目评分表

<table>
<tr><td rowspan="3">基本信息</td><td>姓名</td><td></td><td>学号</td><td colspan="2"></td><td>班级</td><td></td><td>组别</td><td></td></tr>
<tr><td>角色</td><td colspan="8">主修人员□ 辅修人员□ 工具管理□ 零件摆放□ 安全监督□ 质量检验□ 7S监督□</td></tr>
<tr><td>规定时间</td><td colspan="2"></td><td>完成时间</td><td colspan="2"></td><td>考核日期</td><td>总评成绩</td><td></td></tr>
<tr><td rowspan="8">考核内容</td><td rowspan="2">序号</td><td colspan="4" rowspan="2">步　骤</td><td colspan="2">完成情况</td><td rowspan="2">标准分</td><td rowspan="2">评分</td></tr>
<tr><td>完成</td><td>未完成</td></tr>
<tr><td>1</td><td colspan="6">考核准备：
材料：
工具：
设备：
安全防护：
劳动保护：</td><td>10</td><td></td></tr>
<tr><td>2</td><td colspan="6">仪器使用规范</td><td>5</td><td></td></tr>
<tr><td>3</td><td colspan="6">大众汽车故障码读取</td><td>15</td><td></td></tr>
<tr><td>4</td><td colspan="6">大众汽车故障诊断</td><td>15</td><td></td></tr>
<tr><td>5</td><td colspan="6">丰田汽车故障码读取</td><td>15</td><td></td></tr>
<tr><td>6</td><td colspan="6">丰田汽车故障诊断</td><td>15</td><td></td></tr>
<tr><td colspan="2">7S管理：
整理、整顿、清扫、清洁、素养、安全、节约</td><td colspan="7"></td><td>10</td><td></td></tr>
<tr><td colspan="2">团队协作</td><td colspan="7"></td><td>5</td><td></td></tr>
<tr><td colspan="2">沟通表达</td><td colspan="7"></td><td>5</td><td></td></tr>
<tr><td colspan="2">工单填写</td><td colspan="7"></td><td>5</td><td></td></tr>
<tr><td colspan="2">教师评语</td><td colspan="8"></td></tr>
</table>